文旅融合背景下地方特色文旅品牌的构建策略研究

张砚宇 著

时代文艺出版社
SHIDAI WENYI CHUBANSHE

图书在版编目（CIP）数据

文旅融合背景下地方特色文旅品牌的构建策略研究/张砚宇著. -- 长春：时代文艺出版社，2024.7.
ISBN 978-7-5387-7537-2

Ⅰ.F590-05

中国国家版本馆 CIP 数据核字第 2024E75B90 号

文旅融合背景下地方特色文旅品牌的构建策略研究
WENLÜ RONGHE BEIJING XIA DIFANG TESE WENLÜ PINPAI DE GOUJIAN CELÜE YANJIU

张砚宇　著

出 品 人：陈　琛
责任编辑：杜佳钰
特约编辑：王芳宇
排版制作：火　丁　经晓巍

出版发行	时代文艺出版社
地　　址	长春市福祉大路 5788 号　龙腾国际大厦 A 座 15 层　邮编/130118
电　　话	0431－81629751（总编办）　0431－81629758（发行部）
网　　址	weibo.com/tlapress（官方微博）
印　　刷	长春博世恒印刷有限责任公司
开　　本	787mm×1092mm　1/16
字　　数	120 千字
印　　张	8
版　　次	2025 年 1 月第 1 版
印　　次	2025 年 1 月第 1 次印刷
定　　价	55.00 元

图书如有印装错误　请寄回印厂调换

前言

近年来，随着我国旅游市场的全面成熟和旅游者对旅游品质的不断追求，我国旅游业面临着产品和结构的优化升级，旅游竞争也逐渐摆脱低层次的资源竞争、产品竞争、价格竞争，上升到更高层次的品牌竞争。塑造优质旅游品牌已成为我国旅游业产品和结构优化升级的一个突破口。

文化是旅游的灵魂，旅游是文化的载体，文化和旅游融合发展是大势所趋，也大有可为。随着我国大力推动产业融合发展，"文化+旅游"的发展模式应运而生。文化旅游已成为一种休闲娱乐方式，能够满足人们日益增长的文化需求。

在文旅融合背景下，地方特色旅游品牌的文化竞争力日益突出，如何在已有旅游资源的基础上挖掘与提炼地方特色旅游品牌的文化内涵，形成与本地区密切相关的地方特色旅游品牌文化符号，成为旅游管理者和经营者提升当地旅游形象、取得竞争优势的重要手段。

为确保本书的准确性和严谨性，笔者在撰写过程中参阅了大量文献和专著，在此向其作者表示感谢。由于笔者学识有限，书中难免存在错误和疏漏之处，恳请广大读者批评指正。

作　者

目录

第一章　文旅融合概述 ……………………………………………… 1
第一节　文旅融合的内涵 ……………………………………… 1
第二节　文旅融合的理论基础 ………………………………… 14

第二章　旅游开发与文化旅游简析 …………………………… 27
第一节　旅游开发及其对文化的影响 ………………………… 27
第二节　旅游文化与文化旅游的区别 ………………………… 37

第三章　旅游开发与品牌建设基本理论 ……………………… 42
第一节　旅游地品牌建设理论 ………………………………… 42
第二节　区域竞合理论 ………………………………………… 47
第三节　产业集群理论 ………………………………………… 51

第四章　地方特色文化旅游品牌的符号学解析 ……………… 56
第一节　符号学视角下的品牌解析 …………………………… 56
第二节　基于文化符号的地方特色文化旅游品牌 …………… 58

第五章　地方特色文化旅游品牌设计——城市品牌设计 …… 62
第一节　城市品牌设计的原则 ………………………………… 62
第二节　城市品牌设计的作用 ………………………………… 65
第三节　城市品牌设计的管理与实施 ………………………… 68

第六章 地方特色旅游节庆品牌的构建 …… 73
第一节 旅游节庆品牌概述 …… 73
第二节 旅游节庆品牌定位理论 …… 84
第三节 旅游节庆品牌的宣传推广 …… 101

参考文献 …… 119

第一章 文旅融合概述

第一节 文旅融合的内涵

一、文化的内涵

何为文化？学界从不同视角对文化进行了解读，经典文化理论学者认为文化的实质是"人化"，凡是人类有意识开展的与自然界和社会相关的一切活动及结果都属于文化，既包含物质文化也包含精神文化，涉及物质、制度、精神三个方面，形成物质、制度、风俗习惯、思想与价值四个层次。基于哲学视角的学者则认为文化有广义和狭义之分，狭义的文化是侧重于社会意识形态为主要内容的观念体系，涉及政治思想、道德素养、艺术宗教和哲学理念等思想意识领域；广义的文化是指人们在改造客观世界过程中所展现的人的本质，是人类创造的"人工世界"及其人化形式的那一面。因此，文化是人们在改造客观世界过程中形成的多层次、多类型的成果，表现为物质性的和非物质性的两个方面。同时，文化还表现出几个明显的特质。首先，文化是与人及人的活动息息相关的，所有文化都是人们在改造世界过程中形成的，并且又会反过来影响人们的思想和行为。其次，文化根据内容形式是分层分类的。根据文化的内在核心差异，文化可以分为不同的层次，如物质层、制度层、行为层和价值理念层，随着层次的逐级变化，相应的文化影响方式和表现形式也会发生变化。最后，文化还表现出影响的持久性和深远性。文化一旦通过各种形式表现出来并固化后，其影响时间往往是长远的，其影响力往往是深远的。就如同中国的许多优秀传统文化对国人已持续影响了数千年，仍然充满活力，仍广为人们所尊崇，也仍将继续影响和激励后来的人们。①

　　文化一词，其英文翻译为 Culture，源于拉丁文 Colere，原意是指"对人的能力的培养及训练，使其超越单纯的自然状态之上"。到十七八世纪，这一概念内涵得到了极大的扩展，指一切经人为力量加诸自然物之上的成果，文化是指一切文化产品之总和。17世纪末法国学者安托万·菲雷蒂埃所编《通用词典》对"Culture"（文化）一词的释义是："人类为使土地肥沃、种植树木和栽培植物所采取的耕耘和改良措施。"这说明西方固有的文化概念是属于经济范畴，其内涵是人类改造自然的一种劳动方式，一种旨在从自然界中谋得物质生活资料的农耕活动和耕作技术。1871年英国文化学家爱德华·泰勒在《原始文化》一书中最早提出狭义文化的早期经典学说，即"文化是包括知识、信仰、艺术、道德、法律、习俗和任何人作为一名社会成员而获得的能力和习惯在内的复杂整体"。随后对文化的定义数量高达几百种，美国人类学家阿尔弗雷德·克鲁伯和克莱德·克鲁克洪曾在《文化的概念》一书中做过相关统计，仅在1871年至1951年的80年间，各类型文化的定义就多达164种，他们给出了迄今为止欧美较为公认的文化的定义，认为："文化包括各种外显或内隐的行为模式；它通过符号的运用使人们习得及传授，并构成人类群体的显著成就，包括体现于人工制品中的成就；文化的基本核心包括由历史衍生及选择而成的传统观念，特别是价值观念；文化体现虽可被认为是人类活动的产物，但也可被视为限制人类进一步活动的因素。"

　　加拿大语言教育理论专家斯特恩根据文化的结构和范畴把文化分为广义和狭义两种概念。广义的文化即大写的文化，狭义的文化即小写的文化。文化是智慧群族的一切群族社会现象与群族内在精神的既有、传承、创造、发展的总和。它包括智慧群族从过去到未来的进程，是群族

---

① 肖东发. 特色之乡——文化之乡与文化内涵[M]. 北京：现代出版社，2015.

基于自然基础上的所有的活动内容，是群族所有物质表象与精神内在的整体。而具体到人类文化内容，则指群族的历史、地理、风土人情、传统习俗、工具、附属物、生活方式、宗教信仰、文学艺术、规范、律法、制度、思维方式、价值观念、审美情趣，精神图腾等。加拿大心理学家汉科特·汉默里把文化分为信息文化、行为文化和成就文化。信息文化指一般受教育本族语者所掌握的关于社会、地理、历史等知识；行为文化指人的生活方式、实际行为、态度、价值等，它是成功交际最重要的因素；成就文化是指艺术和文学成就，它是传统的文化概念。

在我国，自古以来便对文化有着较为深刻的理解。在古代汉语中，"文"的本义，指各色交错的纹理，《说文解字》称："文，错画也，象交文。"便指此义。"化"，本义为改易、生成、造化，指事物形态或性质的改变。如《庄子·逍遥游》"化而为鸟，其名曰鹏"；《易·系辞下》"男女构精，万物化生"；《礼记·中庸》"可以赞天地之化育"；等等。归纳起来，"化"同时又引申为教行迁善之义。"文"和"化"合成"文化"联合使用，乃是"人文化成"一语的缩写，此语出于战国末年的《易经·贲卦彖辞》："刚柔交错，天文也；文明以止，人文也。观乎天文，以察时变，观乎人文，以化成天下。"这里的"天文"是指自然现象，也就是由阴阳、刚柔、正负、雌雄等两端力量交互作用而形成的错综复杂的自然界，也即天道自然规律；"人文"是指社会生活中人与人之间纵横交织的关系，如君臣、父子、夫妇、兄弟、朋友之间的人伦社会规律。治国者应该通过"观天象"来了解时序的变化，通过观察人类社会的各种现象，用教育感化的手段来治理天下，使天下之人均能遵从文明礼仪，"行为为止、其所当止"。西汉刘向《说苑·指武》中指出："圣人之治天下也，先文德而后武力。凡武之兴，为不服也；文化不改，然后加诛。"晋束皙《补亡诗》中也讲道："文化内辑，武功外悠。"从上述的定义中可看出，在中国古代，固有的文化概念是属于政治范畴，其内涵是国家治理的一种方式，一种非暴力的治理方式，是"以文教化"的思想体现，这种方式不是动用国家暴力机器来实施对国民行为的控制，而是运用国家宣传机器来开展对国民的精神训导和思想教育，由此来实现统治者对国民的思想统治。

中国学者梁漱溟曾这样定义文化：文化是为人生活所依靠之一切，俗常以文字、文学、思想、学术、教育、出版等为文化，乃是狭义的。我今说文化就是吾人生活所依靠之一切，意在指示人们，文化是极其实在的东西。文化之本义应在经济、政治，乃至一切无所不包。

在人类传统的观念中，文化是一种社会现象，它是人类长期创造形成的产物，同时又是一种历史现象，是人类社会与历史的积淀物。确切地说，文化是既可凝结在物质之中，又可游离于物质之外的，能够被传承的国家或民族的历史、地理、风土人情、传统习俗、生活方式、文学艺术、行为规范、思维方式、价值观念等，它是人类相互进行交流的普遍认可的一种能够传承的意识形态，是对客观世界感性的知识与经验的升华。

我国国内普遍采纳的是庞朴的三层次论，即文化由"物质的—制度的—心理的（精神的）"三个不同层次的结构构成，其中，"文化的物质层面是最表层的，而审美情趣、价值观念、道德规范、宗教信仰、思维方式等属于最深层，介乎二者之间的，是制度和理论体系"。另有一种分法是：第一层级为物质文化，涉及文化的物理要素和物质层面，主要包括生产工具、生活用具以及其他各种物质产品；第二层级是行为文化，涉及文化的行为要素和行为方式，主要包括行为规范、风俗习惯、生活制度等；第三层级是精神文化或观念文化，涉及文化的心理要素和精神层面，主要包括思维方式、思想观点、价值取向、审美情趣、道德操守等。而哲学家、社会学家、人类学家、历史学家和语言学家等，也都试图从各自学科的角度来界定文化的概念。

从哲学角度解释文化，认为文化从本质上讲是哲学思想的表现形式。由于哲学的时代和地域性从而决定了文化的不同风格。一般来说，哲学思想的变革引起社会制度的变化，与之伴随的有对旧文化的镇压和新文化的兴起。

从存在主义的角度，文化是对一个人或一群人存在方式的描述。人们存在于自然中，同时也存在于历史和时代中；时间是一个人或一群人存在于自然中的重要平台；社会、国家和民族（家族）是一个人或一群人存在于历史和时代中的另一个重要平台；文化是指人们在这种存在过程中的言说或表述方式、交往或行为方式、意识或认知方式。文化不仅用于描述一群人的外在行为，文化特别包括作为个体的人的自我心灵意识和感知方式。一个人在回到自己内心世界时的一种自我对话、观察的方式。

文化的概念体系中，文化产业成为重要的组成部分。文化产业是一种特殊的文化形态和经济形态，更确切地说，是属于文化经济学的范畴。作为一个经济概念，产业的产生和发展是一个历史的过程，它随着社会分工的深化和生产力的发展而逐步形成和演变，是一个具有部门、行业、业种等多种层次的经济系统。1947年，西方马克思主义法兰克福学派的著名学者阿多诺和霍克海默在《启蒙辩证法》一书中率先使用了"文化产业"的概念，他们特别强调："文化产业必须和大众文化严格区分开来，文化产业把旧的熟悉的东西熔铸成一种新的特质。在其各个分支中，那些适合大众消费的产品，那些在很大程度上决定着消费特性的产品，或多或少地是按计划生产的。某些分支具有相同的结构，或者至少说是彼此互通，它们被置于一个几乎没有差别的系统之中，正是通过技术手段以及经济和管理的集中化，这一切才有可能实现。"

联合国教科文组织关于文化产业的定义：文化产业是按照工业标准，生产、再生产、储存以及分配文化产品和服务的一系列活动。这一定义相对范围较窄，仅包括可以由工业化生产并符合系列化、标准化、生产过程分工精细化和消费的大众化这四个特征的产品。

2003年9月，文化部制定下发的《关于支持和促进文化产业发展的若干意见》，将文化产业定义为"从事文化产品生产和提供文化服务的经营性行业"，是与文化事业相对应的。文化产业包括两个方面含义：一是文化的产业化；二是产业的文化化。在现有的定义体系中，经常会将经营性的文化产业和公益性的文化事业区分开来。我国提出的建设大文化范畴的文化体系，其实已经涵盖了上述两个方面的内容。

二、旅游的内涵

何为旅游？旅游是不同国家、不同文化交流互鉴的重要渠道，旅游不同于文化，但又和文化息息相关，旅游是人类社会发展到一定阶段后的产物，是人类需求得到进一步提升后才出现的高层次的人类活动。根据世界旅游组织对旅游的描述，是人们出于休闲或其他相关目的，而到其非惯常环境下生活和游玩的行为，感受当地自然环境和人文风俗等，一般停留时间不超过1年。而《中国旅游文化大辞典》也认为旅游是人类社会经济和文化发展到一定阶段的产物，是旅游者开展的一项以领略自然神韵、汲取文化精髓为主要目的的高雅文化实践活动。这种旅游常表现为以文化为主要特征的综合性社会活动，具体从人们的"行、游、住、食、购、娱"等六大要素上获得具体的旅游体验，感受旅游所在地的自然物质环境和社会文化风俗双重内容，是集物质文明和精神文明为一体的活动过程。

"旅游"来源于拉丁语的"tornare"和希腊语的"tornos"，其含义是"车床或圆圈，围绕一个中心点或轴的运动"。这个含义在现代英语中演变为"顺序"，后缀ism被定义为"一个行动或过程，以及特定行为或特性"，而后缀ist则意指"从事特定活动的人"。词根tour与后缀ism和ist连在一起，指按照圆形轨迹的移动，所以旅游指一种往复的行程，即指离开后再回到起点的活动；完成这个行程的人也就被称为旅游者。

旅游是一种社会现象，是随着人类社会经济发展而演进的。世界著名旅游未来学家约曼曾经提出，"旅游是世界上重大经济成功的故事之一，这个故事就像时光一样，既没有开头，也没有结尾。这是一种被创造出来的现象，它难以限定，因为它的复杂性。一言以蔽之，时光开始的时候，旅游也开始了"。它是"人们离开惯常生活的环境，外出旅行和短期逗留并返回原住地的所有现象的总和",或者说是"非定居者的旅行和暂时居住而引起的所有现象及关系的总和"。在西方语言中经常用"旅行+游览"(travel and tourism)来进行表述。

在近代旅游研究史上,人们给出了上百种定义,形成了综合关系说、目的动机说、生活方式说、文化现象说、审美体验说以及时空距离统计说等不同派系。每个派系之下,又有不同的解释。早在20世纪20年代,德国学者蒙根·罗德就指出,从狭义上来了解,旅游是指那些暂时离开自己的住地,为了满足生活和文化的需要,或各种各样的愿望,而作为经济和文化商品的消费者逗留在异地的人的交往。从旅游科学专家国际联合会的"艾斯特"定义到英国学者克里斯·库珀的需求与供给理论以及美国文化人类学者贾法利的游客、产业和旅游地三者社会交换及其给旅游地带来的综合影响说,对于什么是旅游,可谓众说纷纭、争论不休。目前,国际上普遍接受的是"艾斯特"定义[①],即旅游是非定居者的旅行和暂时居留而引起的一种现象及关系的总和,这些人不会永久居留,并且主要不从事赚钱的活动。艾斯特定义曾被认为是关于旅游的最完美的定义,也曾普遍被人们接受。但随着旅游实践的深入,其不足之处不断被发现。例如,把旅游和旅游业混为一谈,不能涵盖一些特殊的旅游形式等,但艾斯特的定义维度仍然被大多数国家采用,即国际通用的定义三要素:出游的目的、旅行的距离、逗留的时间。英国学者伯卡特和梅特利克指出旅游发生于人们前往和逗留在各种旅游地的活动,是人们离开他平时居住和工作的地方,短期暂时前往一个旅游目的地运动和逗留在该地的各种活动。美国学者罗伯特·麦金托和夏希肯特·格波特也指出旅游是在吸引和接待旅游及其访问者的过程中,由于游客、旅游企业、东道政府及东道地区的居民的相互作用而产生的一切现象和关系的总和。

---

① 旅游的"艾斯特"定义是1942年由瑞士学者汉泽克尔和克拉普夫在他们合著的《普通旅游学纲要》中提出以及在此基础上被旅游科学专家国际联合会(简称"艾斯特",AIEST)1981年接受的定义。

此外，国际组织也对旅游相关内容做出界定。1936年举行的一个国际论坛，国家联盟统计专家委员会首次提出"外国旅游者是指离开其惯常居住地到其他国家旅行至少24小时的人"，1945年，联合国认可了这一定义，但是增加了"最长停留时间不超过6个月"的限定，更加明确地定义了国际旅游者。20世纪50年代，奥地利维也纳经济大学旅游研究所也对旅游的定义进行了界定，旅游可理解为暂时在异地的人在空余时间的活动，主要是出于休养，其次是出于受教育、扩大知识量和交集，再者是参加各种组织活动，以及改变有关的关系和作用。1963年，由世界旅游组织（World Tourism Organization，UNWTO）发起的联合国国际旅游大会在罗马召开，大会提出应采用"游客"（visitor）这个新词汇，是指离开其惯常居住地所在国到其他国家去，且主要目的不是在所访问的国家内获取收入的旅行者。游客包括两类不同的旅行者：一是旅游者（tourist），在所访问的国家逗留时间超过24小时且以休闲、商务、家事、使命或会议为目的的临时性游客；二是短期旅游者（excursionists），在所访问的目的地停留时间在24小时以内，且不过夜的临时性游客（包括游船旅游者）。从1963年开始，绝大多数国家接受了这次联合国国际旅游大会所提出的游客、旅游者和短期旅游者的定义以及以后所做的多次修改。最后，世界旅游组织和联合国统计委员会对旅游进行了推荐的技术性统计定义：旅游指为了休闲、商务或其他目的离开他们惯常环境，到某些地方并停留在那里，但连续不超过一年的活动，旅游目的包括六大类：休闲、娱乐、度假；探亲访友；商务、专业访问；健康医疗；宗教/朝拜；其他。

我国《易经》中一卦称为"旅"卦。"旅"字之所以用于商旅，一是"旅"本来就含有行走之意，二是"旅"常被古人假借为"庐"，与"庐"字相通的"旅"字便成了当时商业旅游的专称。在东周时期，人们对于旅行的分类更加清晰，东周人除了沿用殷周以来的说法，以"旅"称商旅，以"征"称军旅，以"归"称婚旅，以"巡"称天子之旅，以"迁"称迁徙之旅，还用"旅"字为中国旅游史引进了现代"旅游"概念。而有关"旅游"一词,最早见于六朝。齐梁时,沈约《悲哉行》"旅游媚年春,年春媚游人"的诗句,用以专指个人意志支配的,以游览、游乐为主的旅行,以此区别于其他种种功利性的旅行。在古代中国,"观光"一词出现得更早,语出《易·观》"观国之光,利用宾于王",指的是"观察者学习被观察国家的人们为国效力的精神,以运用于国家大事和民情民意"。然而,这个词语在现代中国使用的较少,或者说其含义已经变化,俗称"参观名胜古迹,沿途浏览大自然的风光景象",甚至演绎成"观光旅游",而在境外一些地方使用中文表述时,"观光"则比"旅游"用得更加普遍。

我国著名经济学家于光远指出,旅游是现代社会中居民的一种短期性的特殊生活方式,这种生活方式具有异域性、业余性和享受性等特点。我国文化旅游专家马波指出,旅游产业是一种外延比较宽泛的消费趋向性产业,从功能上可以看作一个为旅游者服务的经济系统。综合而言,旅游的根本目的在于参与审美、娱乐和社会交往活动。旅游的社会属性和发展特征,决定了它是人们体验异地政治、文化、经济生活的一种高级娱乐活动,并已成为人们社会生活中不可或缺的高级需要形式;从事旅游活动的这些人不会在旅游目的地定居或就业。旅游具有异地性、流动性和暂时性的自身特征。

因此,旅游表现出几个重要属性。首先,旅游不是最基础的生存需求类活动,而是更高层次的人类需求,是人类求新、求异、求美的综合表现。其次,旅游和文化紧密联系,相辅相成。旅游最重要的目的就是感受不同的文化,这个文化既可以是有形的自然文化,也可以是无形的精神文化,还可以是外化的行为文化等,这些文化都是旅游的重要组成元素。同时,丰富的文化也将推动旅游内容的扩展,提升旅游的内涵和品质。最后,旅游还是一种重要的经济业态。旅游一直是一项重要的经济来源,不同区域,尤其是旅游资源丰富的地区已将旅游作为一项重要的产业带动地方经济发展,因此也使得旅游具有鲜明的市场属性和经济特性，广受地方政府重视。①

三、文化旅游融合的内涵

文化和旅游既是相生相长的一对亲密伙伴，如何才能更好地结合，彼此促进，切实推进文化和旅游的有效融合是当前理论学术界和政府部门亟待解决的问题。随着人们对文化和旅游内涵的深入认知，也使得文化和旅游的发展越来越多地联系在一起，要想做好旅游，没有文化就没有灵魂，同样要想做好文化，没有旅游就没有翅膀。

文旅融合，并不是简单地把"文和旅"拼凑在一起，而是要真正理解融合的内涵。事实上，当前各界对"文旅融合"的含义理解是较为模糊的，到底"文旅融合"讲的是"文化和旅游"，还是"文化产业和旅游产业"，抑或指的是"文化旅游"还是"文化旅游产业"也未可知，又或者说是"文化和旅游的产业融合"，这些内容全凭各自的理解。

从前文的论述中可知，旅游活动是一种社会现象，是特殊群体（旅游者）的社会活动及其影响的总和；而文化亦是人类在社会发展过程中创造出来的所有财富的总和，特别重要的是精神财富。这两种现象同时具有模糊的外延，其内涵又似乎是无所不包。因此，很难从自身进行统一的界定。文化旅游景点涉及社会独特的物质、文学、精神和情感特征，包括艺术和建筑、历史和文化遗产、烹饪遗产、文学、音乐、创意产业、生活方式、价值体系、信仰等。这一定义也并未真正阐明文化旅游融合到底是什么，但是向人们展示了文化和旅游之间存在着紧密的联系：旅游的过程就是文化传播与推广的过程，文化事业的发展能够激发旅游产品的开发创新。

我国学者关于文化和旅游关系的认识相对较晚，比较集中的观点有：一是"灵魂载体说"，即认为"文化是旅游的灵魂，旅游是文化的重要载体"；二是"诗和远方说"，如张玉玲的《文旅融合：奔向诗和远

---

① 肖东发. 特色之乡——文化之乡与文化内涵[M]. 北京：现代出版社，2015.

方》；三是"资源市场说"。另外也有学者提出"文旅融合"是一种以传统旅游业为基础的新型"旅游+"产业模式，推动"文旅融合"发展是满足人民群众消费需求、促进旅游产业与文化产业转型发展的必然选择。

（一）文旅融合的原则

文旅融合发展的总思路是"宜融则融、能融尽融"，找准文化和旅游工作的最大公约数、最佳连接点，推动文化和旅游工作各领域、多方位、全链条深度融合，实现资源共享、优势互补、协同并进，为文化建设和旅游发展提供新引擎、新动力，形成发展新优势。

1. 文化传承

文化和旅游工作对于传统文化的延续，是旅游者进行观光、体验、学习及创新的原动力。文化传承要兼顾原真性、活态性和融合性。原真性是当然前提，但活态性是真正诉求，"求真重里而不重表"。在实际操作中，保护是前提，市场为导向，要与科技、体育、农业等多产业融合，才能可持续发展。

2. 生活方式的延续与复兴

生活方式浓缩了地域历史文化的内涵精髓，是人与自然、社会相处的智慧结晶，是最典型的文化形态。传统生活方式的延续与复兴，是休闲度假与文化体验的重要方式。对生活方式的体验过程，必然发生"主客交往"，而这正是旅游活动的重要文化魅力和意义之所在。

3. 地域性的坚守

地域特色的保护是文化与旅游产业融合发展"无可取代的源头"，地域性带来差异性，才有吸引力。如意大利威尼斯手工艺、云南丽江东巴文化、福建土楼生活方式等，都得到了较好的保护和延续。这些深入人心的"地域文化图景"，才是从海量竞争中脱颖而出，始终保持吸引力的根本保障。

（二）文旅融合的维度

在文化和旅游融合的维度上，理念融合、职能融合、产业融合、市场融合、服务融合以及交流推广融合，是业界广为认同的六大融合维度，以此推动文旅资源共享，优势互补，协同并进。学术界也有观点认为，文化和旅游之间存在三个层面的关系，一是文旅产业的"全面融合、一体发展"；二是公共服务的"边界清晰、相互带动"；三是在艺术、科技、法规、政策、管理等方面要"明确主线、强化支撑"。

同时，文化与旅游融合也需面对多种挑战和障碍，具体如利益相关者的目标差异、各级政府之间的协调困难、确保旅游收入流入文化产业、利益相关者之间的文化差异、新技术在文化旅游中的应用、促进文化和旅游利益相关者的接触、建立强大的文化旅游品牌等。

文旅融合，到底融什么？怎么融？是当前文旅研究领域面临的重大课题。根据国外相关经验，文化和旅游的融合，大多聚焦在文化产业和旅游产业的融合，其基础包括非物质文化遗产、物质文化遗产与当代文化，而主要的融合模式有开发型融合、体验型融合、活化型融合、保护型融合、创意型融合、重组型融合、延伸型融合等。

目前，国内学者对于文化产业和旅游产业融合的方式主要概括为以下两种：

第一种是文化＋旅游＝文化旅游（文化旅游业），也称为"1＋1＝1"的融合模式。基于文化产业和旅游业的特殊关系，二业融合可形成一个新的旅游业态。这种融合其实由来已久，而且随着时代的发展，经历了多次变化与提升，不断赋予新的理念和内容，形成了多种不同业态和发展模式。世界旅游发展的实践证明，这种融合是非常成功的，并得到了联合国世界旅游组织和联合国教科文组织的认可。文化旅游（cultural tourism）是一种基于寻求或分享新鲜而深刻文化体验的特殊兴趣旅游，不管这种体验是美学的、知识的、情感的，还是心理上的。文化旅游是以文化作为吸引物的特定旅游形式，其活动与某种文化形态相关联，是文化和旅游融合最为成功的发展模式。

第二种是文化/旅游＋其他行业的合作，也就是"1＋1＝2"的跨界合作。基于文化产业和旅游业均为独立的产业，却又有着突出的包容性，因此，文化产业和旅游业均可以分别与其他产业进行跨界合作，增强产业自身和共同的发展空间及竞争力。也就是说，文化和旅游的融合是这两个产业实行融合的一个部分，是最应当实现融合的一种方式，但绝非唯一的方式，无论是文化还是旅游，仍存在许多与其他产业融合的方式。因此，没有必要用"文旅业"涵盖所有与其他产业融合的方式，文化旅游业不是旅游业的全部，自然旅游也是非常重要的旅游方式，同样也会发挥其经济功能和其他功能。

我国当前所提出的文旅融合，不仅仅限于文旅产业的融合。旅游和文化在社会发展过程中都不再是新现象，都有着巨大的发展潜力和广阔的市场，但又都不是纯粹的产业，有着明显的社会功能，具有"事业"属性。在19世纪中期，英国人托马斯·库克创办了世界上第一家旅行社，成为近代旅游业的开端，但迄今为止学术界对旅游业是不是真正的"业"仍存在着质疑的声音，一些国家似乎更愿意把旅游业称作商业，而不是产业。同时，旅游和文化的产品也都具有一定的公共产品性质，二者更多的是满足人的精神需求，不是必要消费品。文化元素是旅游业和文化产业的共同基础资源，但旅游资源范围更加宽泛，除文化元素之外，还包括自然现象，更具有无限性和不确定性。文化产业发展过程主要是人的创造与加工，人的智力、才能、创造力起着非常重要的作用，一般对原有资源不造成直接消耗，文化产业的发展需要大量的人力资本和金融资本投入。此外，旅游和文化产业的政治性较为突出，二者与价值观、道德规范以及国家安全等方面均有关联，其发展会对国家形象和"软实力"产生影响，因此会受到国内外多方面政治因素的制约。

旅游和文化作为产业，其发展过程中还要与其他各个行业之间相互作用，进而充分发挥文化在旅游发展中的作用和旅游业在整个社会经济发展中的作用，不应把文化旅游业局限在文化旅游产品或景区建设的简单范畴。正因为文化和旅游有着上述的特性，在文旅融合的维度上，其所涉及的范围才更为宽泛。基于当前我国文化和旅游行政职能机构融合的基础上，以文旅产业、文旅市场、文旅服务、文旅交流等为主要融合维度,"以文促旅,以旅彰文",从理念上打破文旅的边界,才是文旅融合未来发展的正确方向。①

第二节 文旅融合的理论基础

一、产业融合理论

传统上的产业概念,可视为在一定分工组织下,对应某种特定产出结果的一系列存在共性生产方式的集合。产业融合的出现,一方面打破了这种传统的生产方式与产出结果间单一的对应关系;另一方面,融合使原有的产业分工组织形态发生了改变。产业融合化发展,可以突破产业间的条块分割,加强产业间的竞争合作关系,减少产业间的进入壁垒,降低交易成本,提高企业生产率和竞争力,最终形成持续的竞争优势。学术界首次提出产业融合现象及概念的是麻省理工学院媒体实验室创始人尼古拉斯·尼葛洛庞帝,他用三个圆圈分别表示计算、印刷和广播三个领域的技术,并指出在三者交叉重合的部分将迎来成长高峰。随后,意大利经济学家乔瓦尼·多西发表观点,认为某些技术在一系列产业中的广泛应用和扩散,并最终导致创新活动发生的过程,可被视为技术融合。从上述定义中可见,产业融合,最初源自技术领域。

产业融合是指不同产业或者同一产业内不同行业通过相互渗透、相互交叉、相互作用而最终融合出现新的产业模式。美国学者尤弗亚认为,融合是指采用数字技术后原本各自独立产品的整合,并且可以分为替代性融合和互补性融合。美国学者格利斯坦和卡纳从以互联网为基础的计算机、通信、广播电视的三网融合角度,将产业融合陈述为:"随着技术进步以及产业自身发展引起的产业边界的模糊和消失。"而基于上述观点的产业融合理论则认为产业融合包含了三个类型:产业渗透、

---

① 王文保. 深度拓宽文旅融合边界[J]. 国企管理, 2022.

产业交叉以及产业重组。产业渗透通常是指高科技企业向传统产业渗透,进而提升传统产业产品和服务价值;产业交叉是指产业之间由于功能互补和自然延伸而产生的融合,往往发生于高科技产业链自然延伸的部分;产业重组是系统产业内子产业的重组和资源重新配置与黏合,主要发生于具有紧密联系的产业之间,这些产业往往是某一大类产业内部的子产业。

也有学者认为,按照分工理论,产业融合应该划分成四大类,包括:生产方式外延式的产业融合,特指在技术进步条件下,可通过多种生产方式得到相同或类似的产出结果;生产方式内涵式的产业融合,特指技术进步条件下,可凭借相同或类似的生产方式得到多种产出结果;原属不同产业的经济活动,其重合部分通过融合形成了某种新的产业经济形态;发生在原属不同产业的经济活动,最终融合为某个产业内部的经济部门活动。在以上的分类中,前两种分类都是生产方式和产出结果之间的对应关系发生了异化,存在生产方式的多对一(外延式)和一对多(内涵式)的情况,它不再是单一对应关系,而生产方式技术升级则是其共同的特点。因此,这两类融合可并称为生产方式进化型融合。后两种分类,则是原属不同产业分工组织的经济活动间发生融合,或形成新生业态,或成为产业内部新的分工部门,其共同特点在于,产业分工组织形式产生了异化。因此,这两类融合可并称为产业分工异化型融合。

此外,产业融合的理论中也有学者针对融合发生的条件做了研究。日本产业经济学家植草益对产业融合的分析更侧重其发生条件,在他看来,产业融合是技术进步和政府放宽限制共同作用下的结果,他将政策因素引入产业融合的研究中。英国政治哲学家布莱恩·巴利侧重从技术以及产业边界的角度理解产业融合,他指出,融合不仅发生在信息传输业,而且在保健食品、数码相机、包装技术和机械工具等领域均有发生。因此,产业融合是通过技术,从根本上改变以往各独立产业或市场部门的边界,并使它们融合成一个新竞争环境的共同成长过程。

从文旅融合的角度来看，当前文旅融合的基础维度还是文化和旅游产业内容的融合，包括基于产业边界的扩展和分工理论的研究体系。从产业边界的扩展来看，文化产业和旅游业都可以扩展其产业发展的边界，在文化和旅游产业内部进行融合发展，也可分别与其他产业进行跨界合作，增强产业各自发展的空间和竞争力。同时，进一步细化分工内容，从文化和旅游的发展体系中，以社会化分工的手段和方式，强化共享合作，尤其是基于数字经济时代、共享经济时代，以科技创新的手段，拓展"互联网＋"的分工内涵，重塑分工内涵，进而形成文旅产业融合发展的基础。

二、文化变迁理论

文化变迁的理论历史可以追溯到早期，相关研究的理论学派众多，最早的学派是古典进化论学派，代表人物为英国学者泰勒和美国人摩尔根。泰勒认为，人类文化史是自然历史的一部分，甚至是一小部分。他指出，文化依次发展的各个阶段，把人类从最落后到最文明的各族及其文化连接成一个连续的序列。在这一序列的两端，可以分别设定为蒙昧的部落和文明的民族，由此可以建立起一种"文化的标度"，使得我们可以根据文化水平的不同来安排各种社会在这一标度上的位置或顺序。此外，泰勒还划分了文化进化的三个主要阶段，即原始未开化或狩猎采集阶段；野蛮的、以动物驯化和种植植物为特征的阶段；文明开化的、以书写艺术为开端的阶段。摩尔根作为美国文化人类学的奠基人，他在泰勒研究基础上对原始社会进行了更为详细的分期，将原始或蒙昧和野蛮这两个时代又分别划分了低级、中级、高级三个子阶段；其次，他指出的划分每一阶段的具体标志，即所提出的"生产技术和生产工具的发明和发现"，也是作为划分人类社会发展阶段的重要标志，无疑是符合历史唯物主义观点的。此外，英国社会学家斯宾塞对文化的"军事社会"与"工业社会"之分，法国社会学家迪尔凯姆的"机械团结"和"有机团结"以及德国社会学家滕尼斯的"共同体"与"社会"等二分文化阶段，都是古典进化论中对于文化变迁的理论理解。在进化论学派中，从文化对象的性质层面上看，通常把整个人类文化看作一个没有区别的超有机体，其分析的对象常常是这一超有机体的各种结构，如经济形态、婚姻制度、亲属组织等，人的心理、观念或行动等能动因素很大程度上被忽视。而从文化变迁的动力来看，古典进化论学派认为文化变迁的动力来源于文化内部，遵从着自然的进化节奏，不能被人为改变，而变迁动力的性质更多的是物质或非物质的文化特质，如摩尔根所罗列的：火、弓箭、陶器、铁、语言等；或者是人的认知特征，如法国哲学家孔德所理解的神学阶段、形而上学阶段和实证阶段。对于这种文化变迁的动力特质的表述，大多是静态的，或者抽象的，通常人所处的具体环境和具体行动都会被忽略，波兰学者什托姆普卡曾把这一现象描述为："在历史主义或发展主义者眼里，整体系统以其自身不可化约性和规律性占据主导地位，人是被动的、依赖的、完全被塑造的部件。"这种以人类心智的一致性解释文化发展的普遍性，忽视了现实中正在发生的文化变迁过程，也忽视了不同社会环境下文化发展的差异性和多样性。

而与古典学派持不同观点的调适论学派代表是美国学者斯图尔德，他认为文化是人类适应其自然环境的结果，环境不同，文化也不同。斯图尔德对埃及、美索不达米亚、中国以及中安第斯山这几个被称为文明摇篮地区的考察中发现，他们的环境都是干燥或半干燥的，也因为他们都以铁器之前的技术利用环境，似乎暗示人们以相似的方式解决相似的问题。但异于流行的想法，这种环境并没有对他们文化的发展形成阻碍，反而刺激了文化的发展，因为干燥性的土地用木棒去灌溉耕耘土地非常容易。这五个地区不仅经历了相似的演化顺序，而且发展阶段也大致相同。这些阶段就是：狩猎采集、雏形农业、形成期（乡民社区至国家）、区域性的繁荣国家、初期的帝国、黑暗时代、循环性的帝国征服、铁器时代的文化、工业革命。相比之下，一样缺乏铁器的人在开发赤道雨林、北方硬木林与草原地区时会遭遇更多的困难。这些研究体现了斯图尔德的多线进化论观点，他的文化变迁理论主要包括：应将"生态适应"（人类利用生产技术开发环境资源以谋社会生活过程）的观念作为新典范；将社会组织从文化模式的束缚中脱离出来，看成独立的研究对象；追求因果解释；使用跨文化比较法；恢复了演化概念的地位，并独创多线进化论，将人类学的目标从个相的理解变为共相的发现。

在此之前，美国人类学家、民族学家怀特发展形成普遍进化论，他反对利用环境来解释文化变迁的多样性，因为环境相同，文化未必相同，认为文化进化的动力来自能量，人类使用能量的能力，是推动无论个别文化抑或整个人类文化发展的唯一根本力量。人类对更多能量形式的发现和改进，对能量加以利用的手段，使得文化逐步发展和进化。依照此标准，怀特将整个人类文化的进化历史分为四个主要阶段：依靠自身能源即自身体力的阶段；通过栽培谷物和驯养家畜，即把太阳能转化为人类可以利用的能量资源的阶段；通过动力革命，人类把煤炭、石油、天然气等地下资源作为能源的阶段；核能阶段。怀特认为文化是一个组织起来的一体化系统，并把文化系统划分为三个亚系统，即技术系统、社会系统和思想意识系统。

此外，对文化变迁理论的研究学派还有传播论学派，其代表人物是德国人类地理学派的莱奥·弗洛贝纽斯，他通过确定文化特质起源和传播途径，从传播角度解释文化的相似和差异性，认为文化的采借多于发明。文化变迁的过程就是传播的过程，极力强调借用的重要性，断然否认了人类的创造能力，在文化传播过程中，不会自发进行，也不会任意传播到任何地方，它受传入方和传出方文化特征和社会历史条件的制约。文化变迁理论中，还有历史特殊论学派，代表人物美国人类学家博厄斯，他认为每种文化都有自己的历史价值，不能简单地去评价某一种文化比另一种文化更高级；此外，还有功能学派，代表人物英国人类学家马林诺夫斯基，他认为文化是满足人们生活需要的一种手段等。也有学者认为，文化和文化变迁都是一种社会现象，当文化产生出来后，其中一部分会改变人们的经验和生活方式，另一部分，则以文化变迁的形式进行演变,其发生在一定的社会环境和社会文化背景当中,同时受到社会因素的影响和制约。

从文化变迁的理论视角来看,文化和旅游的融合也是一种文化类型的变迁,其在文化发展过程中,确定了文化和旅游融合的必然路径。同时,在文化变迁的视角下,文旅融合看成一个时间和空间的组合,其一方面受到时间维度的影响,自身发生融合和推移,另一方面,其在空间上也会出现主动的融合。正如国内有学者表示,文旅融合按照不同的时空融合尺度可以分为不同的阶段。在最初的阶段,由于体制的限制,文化与旅游的融合发展会出现合作领域不宽广、融合机制不协调、政策协同不到位、资源衔接不顺畅等问题,随着时间的推移,开始主动从文化的角度着力增加旅游功能、扩展旅游效应,同时也从旅游的角度着力吸收文化元素、添加文化艺术内容,丰富旅游产品、延展旅游时间。此后,在文化和旅游空间上,任何原有的旅游场地设施、景点线路、建设项目、渠道载体、服务方式,尽可能融汇并体现文化内涵;任何原有文化软件硬件设施、城市文化区域、历史人文遗存、传播渠道载体,尽可能兼顾旅游价值、融入旅游功能、挖掘旅游效应。最后,文旅跨越发展,逐步变迁演化,淡化原有"文旅"分界,形成螺旋式上升,到达融为一体的新境界,升华为新时代"大文化"发展格局。在新的文旅产业层面,空间是"全域",时间是"全程",结构是"多层次",品种是"全系列",地位是"支柱产业"。

三、场景理论

21世纪前后,以芝加哥大学特里·克拉克教授为代表的研究团队提出研究城市发展动力的新范式:基于文化与都市设施对城市发展的影响,提出城市研究的"场景理论"。通常而言,场景包括五个要素:邻里社区;物质结构,如城市基础设施;多样性人群,如种族、阶级、性别和教育情况等；前三个元素以及活动的组合；场景中所孕育的价值。[①]

场景理论最初是研究场景和城市发展的理论，其是一种全新的区别于传统的停留在土地、资金、技术等生产要素层面研究城市发展的模式。文化场景理论聚焦于城市中一系列文化生活便利设施以及设施背后所蕴含的文化和价值观，并提出文化场景所蕴含的文化价值观是吸引人力资本、推动文化消费实践，进而重塑城市形态的新型动力。场景不仅强调特定的文化活动或具有显著特征的地方，还包括蕴含其中的文化和价值观。在场景理论的研究范式下，场景构成了社会环境的一部分，并通过一定的方式影响公众行为，最终促进城市发展。

该理论把对城市空间的研究拓展到区位文化的消费实践层面，在对纽约、洛杉矶、芝加哥、巴黎、东京和首尔等国际大都市研究后发现，都市娱乐休闲设施的不同组合，会形成不同的都市"场景"。不同的都市场景蕴含着特定的文化价值取向，这种文化价值取向又吸引着不同的群体前来进行文化消费实践，从而推动区域经济社会的发展。这正是后工业化城市发展的典型特点，其重点研究的对象为：剧院、影院、酒吧、餐馆以及各种俱乐部等，他们试图探讨这些都市设施是应该向城市中心区域集中，还是分散到城市的郊区，哪个更能推动城市的发展。格莱泽研究了都市亚文化与种族、性别、阶层如何产生关联，这种关联对邻里关系和都市区域产生哪些影响。美国社会学家特里·尼克尔斯·克拉克研究了音乐、艺术、剧院等所形成的复合体如何促成了都市生活研究了音乐、艺术、剧院等所形成的复合体如何促成了都市生活。美国社会学家丹尼尔·贝尔探讨了后工业社会的城市如何吸引优秀的人才，这些人力资本如何推动城市发展。美国社会经济学家理查德·佛罗里达研究发现，不同的都市便利设施吸引不同阶层的人群：适宜温度、好的天气和静静的山区环境对老年人吸引力较大，而剧院、酒吧、影院和餐馆

---

① 陈波，吴云梦汝. 场景理论视角下的城市创意社区发展研究[J]. 深圳大学学报（人文社科版），2017.

等区域对大学生吸引力较大。克拉克用便利设施和移民模式来说明城市郊区在政治文化方面发生着深层次变化，尤其是新政治文化的崛起；同时，强调文化艺术活动促进了当地经济的发展，而消费对城市发展的重要性也开始逐渐超越生产，作为文化活动的载体——都市便利设施，以及由此带来的愉悦消费实践驱动着城市的发展。

场景理论研究的客观结构体系要依托于具体的文化设施进行综合构建，以消费为基础，以生活文化娱乐设施为载体，把空间看作汇集各种消费符号的文化价值混合体；同时，也聚焦于人们的文化消费行为的选择及背后所体现的文化、情感、态度、价值观等主观认识。① 通常，主观认识体系由三个主维度——戏剧性、真实性、合法性构成：其中，戏剧性是关于表演的，而且有一定的表演逻辑，它不是一般和特殊的逻辑，而是内部与外部、传统与反常之间的逻辑；真实性讲述的是个人存在的来源，真实的你来自哪里；合法性关注道德判断的基础，以及作为判断对错根据的权威。15个子维度由奢华、亲善、反抗、仪式、张扬、本土、种族、国家、团体、理性、传统主义、超凡魅力、功利主义、平等主义、自我表现构成，反映出了不同的场景特征及人们看待世界的思维方式。

芝加哥学派认为，作为消费者（非居住者或生产者）去"捕捉"个体对周围空间的情感体验，大致可以从三个广义维度去把握。具体来讲，只要我们能够完全理解特定空间里的消费设施蕴含着特定品位和价值，那么，我们对场景的辨认和测量就成为可能。作为消费者有三方面的倾向：令人快乐的外观（外表），个体自我呈现的方式，即个体努力创造在别人眼中属于自己的形象，即戏剧性；同一性所产生的乐趣，真实自我与本地风格是否具有同一性，排斥或接受，否定还是赞扬，即真实性；符合信仰和道德所带来的快乐，当局对个体评价做出错或对的裁决，即合法性。从这个层面来理解城市空间，已经完全超越物理意义，

---

① 陈波，侯雪言. 公共文化空间与文化参与：基于文化场景理论的实证研究[J]. 湖南社会科学，2017.

上升到社会实体层面。尤其需要指出的是，场景理论不排斥以生产和人力资本为主建立起来的理论，它承认在二者功能的前提下，增加消费的维度，即从消费、生产和人力资本三者来解释都市社会。在后工业社会里，它引导学者们进行理论视角的转移，即由生产转向消费。它把不同社会符号或纽带（邻里关系、阶级、社区等）中的个体（居民与劳动者）看作消费者。正如"社区"这个概念的运用一样，它揭示着个体围绕生老病死所展开的各种实践活动组成的符号意义。同理，"场景"这个工具将会揭示各种消费实践活动的符号意义。

四、新公共管理理论

20世纪70年代末以来，西方发达资本主义国家普遍实行"福利国家"制度，其运用凯恩斯主义经济学指导国家的经济活动，试图依靠政府的作用来弥补市场的不足。但在数年时间之后，"福利国家"制度并未取得如愿的经济增长和社会满意度，经济滞胀、政府扩大支出产生高税收、政府公共服务无效率，造成社会普遍不满。"福利国家"的政策基础，主张以自由市场、个人责任、个人主义来重塑国家和社会，西方发达资本主义国家由此开始实行新一轮的政府改革，"重塑政府运动""企业型政府""政府新模式""市场化政府""代理政府""国家市场化""国家中空化"等，都是对这次改革的不同称谓，区别于传统公共行政典范，新的公共管理模式正在出现。瑞典经济学家赫克歇尔指出，政府改革打破了单向的等级指挥关系，建立了互动交流和导向管理，并开始向"后官僚组织"转变；而国际著名的研究政府治理、政府改革问题的专家麦克尔·巴扎雷说，摒弃官僚制的时代已经到来，公共管理由重视"效率"转而重视服务质量和顾客满意度，由自上而下的控制转向争取成员的认同和争取对组织使命和工作绩效的认同。"重塑政府"运动的积极倡导者戴维·奥斯本和特德·盖布勒总结美国改革地方政府和联邦政府的经验，宣扬政府管理的新方式。英国学者克里斯托弗·胡德把西方国家的政府改革所体现出来的政府管理新模式称作新公共管理典范。

"新公共管理"范式具有一系列创新,主要表现在如下四个方面:

第一,为公共部门管理尤其是政府管理研究奠定了更广泛、坚实的理论基础。

第二,开阔了公共行政学的理论视野,具有一系列主题创新。

第三,建立起一个更加全面、综合的知识框架。

第四,提供了一种当代公共部门管理尤其是政府管理的新实践模式。

新公共管理理论强调自由市场的价值,批评政府干损的弊端,主张用市场过程取代政治或政府过程来配置社会资源并且做出相应的制度安排。它认为国家和政府作为非市场力量,会扭曲社会资源的有效配置。高税收将资源从"创造财富"的私营部门转移到"消费财富"的公共部门,妨碍经济增长和削减社会福利。只有让市场进行资源的最佳配置,让消费者和生产者决定福利的供给和需求,才能促进社会和经济的繁荣,市场化成为政府改革的必然选择。公共企业的私营化、公共服务的市场化、公共部门之间的竞争、公共部门与私人部门之间的竞争,广泛进入西方国家的政府改革策略。市场化改革,从一定意义上讲,是在为政府减负,同时也意味着政府放权。在现代国家,政府扮演着双重角色,即"社会福利的提供者"与"经济稳定和增长的主舵手"。政府在社会保障、社会公平、教育平等、医疗保健、环境保护等方面依然承担着不可推卸的责任,仍然支配着巨大的社会资源。社会要求政府"花费更少、做得更好",更有效地使用公共财政资源。对此,政府必须积极从内部管理上挖掘潜力,寻找新的管理理念和管理工具,提升政府的管理能力。私营企业优良的管理绩效和先进的管理方法,自然成为政府进行管理创新的改革选择。西方国家的政府改革鼓吹市场化和效法私营企业管理,最终导致新公共管理典范的诞生而不同于传统的政府管理模式。

新公共管理作为一种新的管理模式,其理论基础与以往的行政理论有很大的区别。如果说传统的公共行政以美国政治学家托马斯·伍德罗·威尔逊和弗兰克·约翰逊·古德诺的政治-行政二分论和德国社会科学家马克斯·韦伯的科层制论为其理论支撑点的话，新公共管理则以现代经济学和私营企业管理理论和方法作为自己的理论基础。首先，新公共管理从现代经济学中获得诸多理论依据，如从"理性人"（人的理性都是为自己的利益，都希望以最小的付出获得最大利益）的假定中获得绩效管理的依据；从公共选择和交易成本理论中获得政府应以市场或顾客为导向，提高服务效率、质量和有效性的依据；从成本-效益分析中获得对政府绩效目标进行界定、测量和评估的依据等等。其次，新公共管理又从私营管理方法中汲取营养。新公共行政管理认为，私营部门许多管理方式和手段都可为公共部门所借用。如私营部门的组织形式能灵活地适应环境，而不是韦伯所说的僵化的科层制；对产出和结果的高度重视，而不是只管投入，不重产出；人事管理上实现灵活的合同雇佣制和绩效工资制，而不是一经录用，永久任职，等等。总之，新公共管理认为，那些已经和正在为私营部门所成功地运用着的管理方法，如绩效管理、目标管理、组织发展、人力资源开发等并非为私营部门所独有，它们完全可以运用到公有部门的管理中。公共管理中引入竞争机制。传统公共行政力图建立等级森严的强势政府，强调扩张政府的行政干预。新公共管理则主张政府管理应广泛引入市场竞争机制，通过市场测试，让更多的私营部门参与公共服务的提供，提高服务供给的质量和效率，实现成本的节省。以竞争求生存，以竞争求质量，以竞争求效率。竞争性环境能够迫使垄断部门对顾客的需要变化做出迅速反应。

五、新公共服务理论

新公共服务理论是以美国著名的公共行政学家罗伯特·登哈特等人对新公共管理思想理论和实践的反思而提出的，其更重视建立一个具备完整性、回应性的公共机构，政府要将公民放在首位，同时充分重视公民的意见和要求，强调政府和社会公民之间须有效建立良好的沟通和交流。新公共服务理论认为，政府的主要目的是进行协商和协调社会公民和社区的共同利益，并同时营建共同的价值观。而在关于实现公共政策的目标上，政府要建设公共、私人和非营利机构的多维联盟，满足各主体之间相互一致的需求。因此，在新公共服务理论指导下的政府治理，是建立在与公民对话和协商基础之上的公共利益选择，注重公共服务且充分尊重公民意愿。[①]

新公共服务重点强调政府行政的民主性和回应性，其理论基础集中在七大模块内容，具体如下：

第一，政府行政最重要的是服务，而不是掌舵。政府是重要的参与者，因此要把政府行政重点放在议程设定上，搭建合作平台让更多的社会群众参与到决策中来，形成政府、社会、公民协商的决策环节。

第二，政府供给公共利益是其主要目标，而非行政的副产品。换言之，政府存在的目的和意义就是为了实现公民的社会福利，而且每个政府行政官员都要形成为全民提供优质的公共服务而努力的观念。[②]

第三，政府要战略地思考、民主地行动。政府要制定目标，通过目标动员广泛的社会群体形成一致的价值观，整合社会力量，最终民主地实现目标。

第四，政府要服务于公民而不是顾客。政府面对的服务对象是全体公民，政府要更加重视、在乎公民的需求和公民的利益表达，并且为了满足这种诉求而努力。因为政府的目的之一在于让更多的人参与到社会治理中来，鼓励更多的人承担起社会责任。

第五，政府的责任并不是单一的。政府行政官员不应当仅仅关注经济效益，也应该关注宪法和法令，关注社会价值观、政治行为准则、职业标准和公民利益。除了经济效益和行政成本等问题，政府还应该关注社会价值、道德、责任等伦理方面的问题。

[①] 韩惊盈，万果. 登哈特新公共服务理论对我国建设服务型政府的启示[J]. 现代商贸工业，2019.

[②] 李明阳. 新公共服务理论对构建服务型政府的借鉴与启示[J]. 经济研究导刊，2019.

第六，政府要重视人而不仅是生产率。如果公共组织及其所参与其中的网络基于对所有人的尊重而通过合作和共同领导来运作的话，那么，从长远来看，他们就更有可能取得成功。

第七，政府要超越企业家身份，更加重视公民权和公共服务。政府拥有的资源、权力都是具备公共性质的，并不是属于具体的某一个人，或者某一个部门。一方面，政府工作人员要充分认识到政府所拥有的一切资源并不属于政府本身，而是由全体社会公民共同所有，是公共资源；另一方面，在行政过程中不仅要对所拥有资源有所了解，而且不能独自决策，政府在进行决策和制定目标时并不能独断，而是需要和社会进行协商，需要社会的回应和参与，政府只是担当了中间人的角色。

第二章 旅游开发与文化旅游简析

第一节 旅游开发及其对文化的影响

随着大众旅游阅历的增加、生活水平的提高、消费能力的增强与受教育程度的提高,大众旅游的需求日趋多元化。休闲度假、探险、会展、温泉、乡村田园体验等旅游需求不断涌现,带动了新型旅游业态的迅速崛起。不同于当地的旅游服务企业纷纷出现,在旅游市场,智慧旅游、虚拟旅游、高端定制旅游、深度旅游等旅游创新模式下快速发展。这些飞速发展的产业业态也带动了相关产业供给的多元化发展,如宾馆饭店专用品,登山探险、漂流、滑雪等户外运动装备产业等。旅游需求的多元发展与现代科学技术力量的有效支持,加强了旅游业与工业、农业、交通、文化体育艺术、金融、房地产等多产业的融合。乡村旅游的发展推动了旅游与农业的融合;户外体育(徒步、攀岩、滑雪)等运动旅游的兴盛推动了旅游与制造业的融合以及旅游装备制造业的繁荣;休闲度假旅游的发展推动了旅游业与文化、金融、商务、房地产等第三产业的融合;养老养生旅游的发展推动了旅游业与医疗、保健、房地产等产业的融合。

旅游业是"牵一发而动全身"的产业,旅游业的发展带来了区域工业、农业、金融业、服务业、建筑业等多种产业的共同发展与繁荣,旅游业特有的产业优势及其巨大的关联带动作用使旅游业成为我国第三产业中的重点发展产业。由于旅游业已成为我国的战略性支柱产业和国民经济新的增长极,全国各地都在积极发展旅游业,随着旅游业地位的不断提高，旅游开发工作也迎来了不持续更新的浪潮。[①]"旅游开发""旅游开发规划"成为旅游业理论研究中的热门话题。

一、旅游开发及其前景

（一）旅游开发与旅游规划

旅游开发与旅游规划密不可分。旅游开发工作的进行一定伴随着旅游规划，旅游规划是为了更好地指导旅游开发。当前学术界对旅游开发与旅游规划的认知存在一定的分歧，为了更好地认知旅游开发和旅游规划，在此，本节有必要对旅游开发、旅游规划及其二者的逻辑关系进行解读与分析。

1. 旅游开发

在学术理论研究和实际的工作活动中，关于旅游开发已经形成了较为全面且深入的科学理论体系。目前关于旅游开发比较有代表性的定义有："旅游开发是指运用适当的方式，将旅游资源改造成为吸引物，并使旅游获得得以实现的技术经济过程。"同时还将旅游开发定义为"根据旅游资源已表现出来的和潜在的特性，为谋求吸引旅游者和增长旅游消费而进行的开发事业。它是在一定空间范围内展开的，这种空间就是旅游目的地，所以，旅游开发可以称为开发旅游目的地。旅游开发是一种总体性的开发，指旅游资源、旅游目的地、旅游产业和旅游产品开发的综合"。旅游开发是一项综合性开发，也是有一定空间范围的区域旅游开发。根据当地的条件，运用适当的资金、技术手段，通过科学的调查、评价、规划、建设、经营等，对未被利用的资源、市场、产品、商品、人才等进行综合研究，确定发展方向，搞好相应的设备配套，创造更大的效益，使旅游业在区域内得以建立、完善、发挥和提高。

从现有的研究成果对旅游开发的界定来看，我们可以发现，所有这些定义都表明了旅游开发的基本特征，回答了旅游开发的目的、核心内

[①] 张雪婷，徐运保. 旅游文化资源的开发与生态化建设研究［M］. 长春：吉林人民出版社，2021.

容、过程等核心问题。综合来看，旅游开发的目的就是针对旅游相关的事宜进行科学合理的统筹发展与创新，在维护现有的生活状态下，保证旅游活动的开展与进行，最大限度地满足旅游者的旅游需求，带动当地旅游及经济的发展。旅游开发是根据旅游目的地（区域）独特的社会、经济、生态、文化现状及发展要求，以资源为基底，以旅游者消费需求为导向，以业态为核心，以构建具有意境美的场所空间为目标的旅游开发发展行为，将资源、市场、产品、服务配套等进行综合系统开发的过程。旅游开发最佳的状态就是实现生态、文态、业态、形态即"四态合一"的开发建设成果。

2. 旅游开发与旅游规划

目前旅游学界对旅游开发与旅游规划的关系在认识上存在着较大的分歧。旅游开发工作需要科学的指导与科学的开发。旅游开发与旅游规划是否存在先后的关系？规划是否能够为开发提供有效指导？为了更好地认识旅游开发与旅游规划，本节在此有必要对旅游开发与旅游规划进行辨析。学术界对旅游开发与规划的认识主要有三种观点：

（1）将旅游开发单纯地看作建设，认为旅游开发就是旅游开发建设。旅游开发和旅游规划之间存在着被指导与指导的关系，先有规划，后进行开发。旅游规划与旅游开发是理论与实践、战略与实施的关系；旅游规划是旅游开发的基础与指导，旅游开发必须在旅游规划的指导下进行。

（2）旅游规划与旅游开发是有机的统一体。旅游开发是针对旅游发展的战略构思与政策制定的；旅游规划是对特定旅游的发展进行的综合安排，是针对旅游开发战略目标的具体安排。开发战略指导具体规划；规划设计体现战略目标，二者相辅相成、相互影响、相互联系。

（3）旅游开发与规划是包含关系。旅游开发包括旅游规划，旅游规划是旅游开发的重要组成部分。

究其开发与规划的关系，可从其本意进行疏导，"开发"本是经济学概念，最早出现于《汉书·孙宝传》。开发的本意指开垦、垦殖土地，后逐渐引申为将资源转变为产业的社会劳动过程。开发是复杂的系统工程，不仅需要大规模的建设，也需要系统的战略指导。因此，开发需要在系统研究与整体实践之后将资源转变成为具有参与性、规模化的产业体系。结合区位论、系统理论可以从横向、纵向对旅游开发形成认知。从横向来看，旅游开发是对某个区域进行的综合开发。旅游开发涉及旅游供给、需求的各个方面。其中旅游供给涉及旅游资源、产品业态、文态、综合服务、运营管理、营销策略等多个方面，需要解决开发所依赖的环境、土地、投资、持续发展等问题；在需求方面，我们要了解资源市场的特点、规模、需求和趋势，才可能进行有效的开发工作。这就要求开发者了解资源的特点、价值、功能、限制条件等基本条件，并在对旅游市场进行科学预测及定位的基础上，进行产业、产品业态的构建。从纵向来看，旅游开发工作是由一系列的环节及工作阶段构成的，是一个具有内在逻辑结构的系统工程，需要将理论与实践相结合，才可能将旅游资源转化为旅游产品。旅游开发将旅游资源和环境转化为旅游产品，在这个过程中，开发者需要对被开发地的资源、环境、文化、民族、土地等资源情况进行有效把握，通过调研、评价等方式明确可利用的资源、开发限度等问题。同时，通过规划、建设、经营等方式，实现被开发地的综合开发与发展。因此旅游规划是旅游开发的前期工作，是旅游开发体系中的重要组成部分。旅游规划为旅游开发工作的进展提供了宏观指导与发展思路，也为具体的开发工作提供了指标、方式与方法。

（二）旅游开发前景预测

现在及未来的旅游景区、旅游度假区、旅游目的地的产生需要旅游开发，旅游开发是促成旅游目的地繁荣的重要过程及必要手段。旅游开发的发达程度受到旅游市场环境、国家宏观政策、国家经济水平及人均收入水平等多种因素的影响。其中国家宏观政策及旅游市场大环境成为左右旅游开发和未来前景的关键。近年来，我国国家政策积极引导与鼓励旅游业的发展，为旅游开发创造了良好的宏观环境。与此同时，国民经济收入水平的提高、全民旅游时代的到来也激发了旅游开发工作的繁荣发展。

二、旅游开发对文化的影响

旅游目的地的地方感越独特，吸引力越大。文化是地方的灵魂，是形成地方感的关键与核心，因此文化是旅游目的地吸引力的法宝。建筑、民俗、节庆、生活、生产等物质的、精神的文化形态都能够成为吸引消费者的亮点。在多数情况下，"我者"文化环境中的人们对文化特色的敏感度是比较低的，外来世界的"他者"则可能被习以为常的景象吸引。因此文化需要被发掘、被打造、被复现，这时就需要旅游开发与旅游规划。好的旅游开发与规划能够保持文化的活力，保持文化的原真性，体现文化的魅力与独特性，促进文化的保护、传承与延续；不好的旅游开发则可能加速文化的衰落与消亡，带来文化破坏，造成文化的庸俗化、低级趣味化，甚至造成文化的灭绝。下面主要对旅游开发与文化的关系、旅游开发对文化的影响进行分析。

（一）文化在旅游开发中的作用

通常意义认为旅游开发是通过适当的方式把旅游资源改造成吸引物，并使旅游活动得以实现的技术经济过程。旅游资源是旅游开发的主体，是游客获得旅游体验的对象，是旅游体验活动过程的承载体。旅游资源是指在旅游目的地系统中那些具有吸引力和可利用程度较高的资源。这些资源根据不同的标准可分为自然景观、人文景观，可再生旅游资源、不可再生旅游资源，现实旅游资源、潜在旅游资源等资源类型。根据不同的标准对旅游资源进行分类能够全面认识旅游资源。

按照旅游资源的内涵可以将旅游资源分为自然资源和人文资源，其中自然资源包括生态环境、土地、水体、湿地、山脉、植物等自然生态资源，人文资源包括当地特色的饮食起居、民风民俗、民族节日、传统建筑、历史文物、历史建筑、神话传说、寓言故事等与地方精神紧密关联的资源。

旅游开发是一种对当地的自然资源和人文资源进行充分利用与展示的过程。在这一过程中，对文化的把握决定了旅游开发建设的品质与品位。旅游开发从某种程度上可以说是一个"文化过程"。文化性是旅游开发的重要特性，是旅游开发的灵魂。游离文化发展起来的旅游，充其量只能是一种低层次的旅游，脱离文化搞旅游开发只能产生一批短生命周期的劣质品，最终会在市场竞争中被淘汰。只有在"资源—市场—文化"三元理念的指导下，将旅游开发植根于文化与市场的土壤之中，才能保证旅游业的可持续发展。

1. 旅游开发与文化的关系

旅游发展与文化的关系密不可分。

首先，文化是旅游者产生旅游动机的本质原因。人是有思想、有意识的动物，人们出游主要是出于对未知的思考与好奇，出于"乐生"的需要。在不断思考和好奇心的驱动下，旅游者向往在异地寻求独特的文化感悟、身心经历与体验。出游或追寻独特文化，或探寻神秘地域，或挑战自我，旅游已成为旅游者在不断感受世界、享受身心的过程中不断认识自我、完善自我的过程。文化性就成为旅游活动产生与发展的核心与本质。旅游者在进行旅游活动的始末都是在享受、消费和收获文化，因此，文化是旅游活动的根本出发点与归宿。

其次，文化是旅游资源的核心价值与核心吸引力。旅游资源与文化密切相关。文化是人类文明最璀璨的结晶，先民的文化为当今的我们留下了太多宝贵的遗产，如思想、科技和生活方式等。先民在自然空间里留下的许多伟大的遗迹也是文化的结果，如金字塔、长城等。文化孕育了人文旅游资源，人文旅游资源是文化的写照。大量的人文资源都具有深厚的文化内涵，需要人们去发现、感悟与欣赏。从自然资源来看，文化与其也有着密切的关系，因为文化的审美与感知赋予了自然界各种事物无穷的想象空间与魅力。如李白、陶渊明、苏轼等历史上的文豪为我国的山川、自然现象赋予了独特的意境，使得这些自然存在变得富有文化意蕴。由此，许多自然景观就拥有了文化属性与叠加的历史文化色彩，成为旅游开发的重要依据与旅游产品的核心吸引力。

最后，文化是旅游业蓬勃发展的灵魂。旅游是一种广义的特殊文化活动，它既是文化的消费过程，也是文化的创造过程。文化是旅游的内涵和深层表述。旅游业是"文化性很强的经济事业，也是经济性很强的文化事业"。旅游者出游主要是出于精神生活的需要，其目的是追求文化的享受与文化的感悟。现代旅游已经从单纯的观光旅游发展成为综合的、高品位的深度文化体验活动。这就要求旅游产品要具备文化品位与文化特色，只有这样才可能满足当代旅游者的需求，保证旅游产品具有较为长久的吸引力与生命力，促进旅游景区的可持续发展。在旅游业吃、住、行、游、购、娱六大要素中，餐饮、住宿、娱乐等服务环节的文化品位、管理人员的文化素质、企业文化等都是增强旅游生命力的重要元素。因此，只有加强文化品位的塑造才能使旅游景区、旅游企业在市场经济的竞争中屹立不倒，实现可持续发展。

2. 旅游开发中文化的主要作用

从某种角度来看，旅游开发与规划是一种文化构建行为，是认识文化、挖掘文化、表现文化与传承创新文化的过程。文化在旅游开发中不仅占据着核心的作用与地位，而且被广泛应用于旅游开发工作中的各个方面与阶段。[①]

（1）文化贯穿旅游开发的始末，是旅游开发建设体系的灵魂。在旅游开发的过程中，对旅游资源进行有效科学的评价与认识，需要依赖于对资源文化内涵的把握。旅游产品开发者只有对资源的文化内涵与表现形式形成准确的认识与把握，才能使开发出的旅游产品具有一定的文化品位与文化内涵，才能使旅游产品满足旅游市场的需求。文化在旅游资源的开发过程中具有点石成金的能力，在市场经济飞速发展与信息大爆炸的知识经济时代，文化内涵是形成具有强大吸引力与长久生命力的旅游产品的关键。如何将文化与旅游资源的开发相结合，设计出具有市场

---

① 李好龙. 历史文化街区的旅游开发 [J]. 炎黄地理, 2022.

吸引力与影响力的旅游产品是旅游开发工作的关键。如对历史遗存的古建筑的开发利用，关键就是运用适当的方式呈现当时历史时期的生活状态与文化意境，并演绎形成在形式上满足现代人生活需要、在内涵上保持文化一致性的旅游产品，实现文化的传承与创新。除了文化在旅游资源开发中的重要作用，文化对整个旅游景区的开发设计、空间布局、产品业态、景观环境都有着重要的影响。首先，文化对景区的空间布局、功能分区、游线交通的组织都有着决定性意义。文化线索将景区的功能分区，以情感、体验氛围或主题差异性与连贯性等方式紧紧地联系起来。其次，在交通游线的组织上，根据游客的文化心理、景区主题分区、核心功能等主客观文化意识相综合形成相应的主次游线系统。在景区的景观小品、标示标识的设计方面，文化元素更成为核心要素，景区的景观小品、生态环境都是对景区整体氛围的营造，景观小品的造型、外观、图案等细节都需要对地域、景区文化进行充分的了解与把握，通过文化创新的形式打造景观小品，使其为景区重要的空间意境点缀。由此可见，文化在景区开发、建设的过程中无处不在，是景区开发建设体系的灵魂。

（2）文化是旅游地形成鲜明品牌形象与形象定位的关键要素。独特的品牌形象是旅游地形成旅游印象、旅游感知与市场竞争力的核心，品牌形象影响旅游者对旅游目的地的第一感知。旅游形象是吸引游客最关键的因素之一。成功的旅游目的地，大多具有独特迷人的旅游形象。独具魅力的旅游形象是保证稳定的客源、产生广泛的推动效应、旅游业可持续发展的强大动力。一个旅游地旅游形象在人们心目中的好坏，是潜在旅游者能否转化为现实旅游者的关键因素之一。其往往是旅游者准备出游进行目的地选择或诱发出游欲望动机的首要因素，其次才是考虑距离、时间、成本等问题。鲜明独特的旅游形象有助于弱化旅游业发展中距离、价格等带来的负面影响。对旅游资源内涵、地方特色进行深层次的挖掘，有利于形成鲜明的旅游形象，同时，有利于保护珍稀的、特有的旅游资源。旅游目的地的旅游形象的基本定位是旅游形象设计的核心,即旅游目的地将在旅游者心目中树立并传播怎样的一种形象,这种形象如何成为吸引人们前来旅游的动力源泉。旅游目的地的旅游形象的建立需要把这种形象与地区的经济、文化、环境、建筑等各方面相融合与渗透。地域文化价值观、地区特色的人文建筑、文化符号、信仰符号、自然景观符号等都是目的地旅游形象的缩影与标志物。旅游目的地的形象设计、宣传口号、标识标志等是旅游地形象的灵魂,是旅游地持续发展的精神动力。因此在进行旅游形象设计的过程中,只有把握地方文化脉络,对相应的、核心的与旅游形象和形成核心理念的文化要素进行提炼与梳理,最终进行综合的科学定位,才可能形成较为科学合理的旅游形象。好的旅游地形象定位是对旅游目的地地域特色文化的浓缩与写照,能够鲜明地反映旅游目的地的文化特色。

旅游地形象设计是旅游开发与规划中的重要内容之一,从旅游业的发展趋势来看,文化因素在旅游发展中起着日趋重要的作用,旅游者在旅游过程中追求知识、文化的认知,提高审美情趣已成为营造旅游特色的重要成分,树立旅游形象实质上是树立文化形象。

(二) 旅游开发对文化的影响

旅游产品是游客体验的核心对象,旅游产品以旅游资源为基础,是旅游者旅游体验活动的承载。随着社会经济的发展与进步,人们的生活方式和受教育程度的不断提高,对旅游的诉求呈现出多样性,因此旅游资源的类型也越来越多元。城市摩登购物、乡村农家体验等以前城乡日常的生活方式都成为当今重要的旅游资源。在众多纷繁的旅游资源中,文化资源是所有旅游资源中最核心的资源。

文化资源包括物质文化资源和非物质文化资源两大主要类别,涉及旅游目的地居民的生活、生产、信仰等各个方面。旅游的开发建设与发展,不断对文化资源产生错综复杂的影响。旅游像一把"双刃剑",在给文化资源带来持续冲击的同时,也为文化资源的保护与传承带来了新的契机。因此,在旅游发展的过程中,要扬长避短,尽可能地将旅游对文化资源的破坏与冲击最小化,为文化遗产的保护与发展创造新的方式。

1. 旅游开发对文化资源的消极影响

(1) 不合理的开发可能加速文化资源的消亡

在旅游开发建设的过程中，存在着各种开发误区。在市场经济利益的驱动下，许多旅游开发完全以经济利益为导向，在经济利益的驱动下，造成了对资源的过度利用与开发。在对文化资源的开发过程中，民族文化是吸引游客的核心吸引力之一。不同民族的生活方式、住宿饮食、民俗节日、民族体育舞蹈等都具有各自鲜明的特点与风格，这种独特的民族魅力是吸引旅游者纷至沓来的重要元素。喝茶、购物、跳舞等千篇一律的旅游活动不仅使游客产生了对民族地区文化认知的误差与扭曲，而且也造成了民族文化特色的衰退与消失及特色民俗的意义沦丧。这种开发状况破坏了文化资源的生态平衡、原生状态及其传承，甚至还会带来民族文化保护问题，加速文化资源的消亡。

(2) 过度开发可能导致原生文化的失真

旅游开发多数是为了获得商业价值与经济利益。随着现代社会经济发展的不断加快与旅游业的蓬勃发展，在旅游开发的过程中，往往会出现盲目迎合游客需求、扭曲文化资源的本真而胡乱开发的现象，造成许多优秀文化资源的衰落与失真。此外，民族地区的文化生态不断地面临着强烈的文化冲击，不少非物质文化遗产资源正在消失，传统技艺无法得到传承；大量珍贵的历史文物、街区和建筑遭到损毁、破坏甚至被滥用改造，呈现出对文化资源的过度开发，文化资源的原真性受到严重威胁。

2. 旅游开发对文化资源的积极影响

旅游开发推动了区域的经济发展，为地区社区居民带来直接的经济利益。旅游经济成为区域经济发展的重要途径。旅游发展为区域带来经济利益的同时，也为当地的文化资源、文化遗产的保护与传承创造了积极的条件。文化资源尤其是文化遗产的保护与传承是一项庞大的工程，需要大量的人力、物力和财力进行支撑。旅游开发的进行为文化资源保护的资金问题提供了有效途径。旅游门票以及旅游吃、住、行等方面的综合接待收入不仅可以为文化资源的保护贡献力量,而且还会成为区域地方经济发展的重要分支。

旅游开发能够加强对旅游目的地的重视与保护,为文化资源创造更好的生存环境与条件。

旅游开发可以为文化资源的保护寻找到新的方式,促进文化的传承与发展。文化只有不断活化才具有生命力,活态文化才是文化传承与发展的基础。好的旅游开发能够在旅游项目、旅游产品、旅游商品的开发设计过程中对当地的文化资源、文化要素、文化遗产、民俗文化等进行充分的吸纳与利用,采用民间活态的方式开展旅游项目与活动,开展文化技艺展示、参与、学习等体验旅游项目,在增强旅游吸引力、丰富旅游活动的同时弘扬特色文化,在普及文化的同时增强文化的传承性。此外,旅游项目的开发建设能够有效降低文化消亡的现象,在旅游开发的过程中,可以将特色鲜明的文化资源引入旅游开发与建设中。这样,一方面可以增强旅游项目的趣味性与吸引力,提升旅游目的地的知名度和竞争力;另一方面,在旅游项目、产品的设计过程中对文化资源、传统技艺的利用,会带来旅游消费者的欣赏与关注,唤起文化自豪感,无形中增强当地居民保护文化资源的意识,吸引有学习文化技艺兴趣与才能的人进行学习,拓宽文化的传承,为文化资源的传承培养强大的群众基础。

第二节　旅游文化与文化旅游的区别

一、旅游文化

旅游文化从实质上讲它不只具有旅游行为的综合性、时间空间的延展性、景观意态的趣味性、旅游内容的丰富性等特点,还具有满足游客文化需求多样化的客观规定性,同时又能够促使旅游业具有适合自身发展需要的文化形态。我们将它分为传统旅游文化与现代旅游文化，前者包括旅游者与旅游景观文化；后者增加了旅游业文化与文化传播。旅游文化的建设是现代旅游业发挥最大效益效能的新型经营管理思路。

新的文化形态的产生、发展以及完善，都离不开社会生产力与社会文化的发展。随着旅游业地位的不断提高，明显提高了社会文化发展的需求与依赖性。旅游文化不是抽象的、形而上学的东西，而是包括旅游者、旅游从业者、旅游资源、旅游生活设施与接待地环境等在内的物质与精神的总和。其中具体的、客观的内容，如人、财、物等；另一方面还包括文化成分，如旅游者怎样使用他的钱、财、物，旅游业怎样开发资源、增添设备、提高质量，以满足旅游者的需求，这个过程，都会受到文化传统、民族习惯直接或者间接的影响和制约。

旅游文化是一种特定的文化形态，有着自己特定的内涵与相应的外延。广义理解为，旅游文化是人们过去与现在的创造和旅游相关的物质财富及精神财富的总和。它主要依据于一般文化的内在价值因素，是在旅游全过程中以旅游诸要素为依托的特殊文化形态。这种新的文化形态，它的理论基础是旅游经济与旅游活动特殊需要的部分，如旅游学、旅游美学、旅游经济学、旅游发展史、旅游心理学、旅游社会学、旅游资源学、旅游文学、旅游教育学、旅游营销学、旅游管理学、旅游服务艺术、导游艺术和各种符合旅游特点的娱乐形式等。除了这些之外，它还有更广泛的外延成分。涉及文学、色彩学、体育学、艺术、哲学、考古学、民俗学、宗教学、饮食学、建筑学、生态学、博物学、园艺学、公共关系学等与旅游相关的部分；它更体现在旅游专业队伍建设等旅游诸形态中。总之，旅游文化渗透在和旅游有关的诸多要素与相关的服务方面。

二、文化旅游

文化旅游有两个定义。第一，它的特征具有民族性、艺术性、神秘性、多样性和互动性，以地域差异性为诱因，以文化互动为过程，以文化融洽为结果。它的主要过程就是旅游者对旅游资源文化体验的过程，这也是它的主要功能之一，这种文化给人以超然的文化感受，以饱含文化内涵的旅游景点为载体，体现审美情趣激发功能、教育启示功能与民族、宗教情感寄托功能。第二，泛指以异国异地传统文化鉴赏、文化名人遗迹追寻或参加地方的各种文化活动为目的的旅游。如今寻求文化享受已是当前旅游业出现的新时尚。文化旅游产业属于特殊的综合性产业，它的关联性高、涉及面广、辐射性强、带动性强，已成为21世纪经济社会发展最具活力的新兴产业。文化旅游涵盖性强，可以说囊括了所有相关的产业。

　　文化旅游，是新兴流行的一个名词，它密切关联着游客需求的转变。所以，目前最流行的定义是"那些以人文资源为主要内容的旅游活动，包括历史遗迹、建筑、民族艺术和民俗、宗教等方面"。也有一种说法认为文化旅游是专项旅游的一种，是集政治、经济、教育、科技等综合的大旅游活动。

　　总之，文化旅游指以旅游经营者创造的观赏对象与休闲娱乐方式作为一种消费内容，让旅游者拥有文化内涵与深度参与旅游体验的旅游活动的集合。对于中国文化旅游我们将其分为四个层面，即历史文化层，以文物、史记、遗址、古建筑等为代表；现代文化层：以现代文化、艺术、技术成果为代表；民俗文化层：以居民日常生活习俗、节日庆典、祭祀、婚丧、体育活动与衣着服饰等为代表；道德伦理文化层：以人际交流为代表。在我国，旅游业的发展与开展是相当重要的，它可以增强产品吸引力，提高经济效益，也能够大力弘扬中国文化，同时还能改变中国人不懂中国文化的状况。在文化旅游的概念明晰后，"创意"便是文化旅游的核心了。创意的本质在于寻求特色与差异，与旅游的本质是一致的。

　　旅游主要是寻找资源的差异和特色，挖掘过程中市场需求和竞争关系的考虑与否并不重要，但着眼点仍不能脱离资源。文化旅游却在某种程度上摆脱了资源的束缚，它可以综合各种因素进行创造，亦即创意。

离开了创意,文化旅游便会失去生命力。

随着社会的发展,在世界各地创意产业已经兴起。其中英国、美国、韩国等国家较典型,均由政府出面推动创意产业。它所涉及的领域十分广泛,包括广播、印刷、文学艺术、新闻出版、影视、建筑设计等众多方面。与文化旅游较为密切的创意产业有演艺娱乐、民间工艺品生产销售、会议展览、文化节庆等。这样,文化旅游其实也在创意产业范畴之内。

创意产业也叫文化产业。文化产业和旅游产业命名的角度不同,所以不可以笼统地谈论它们的区别与联系。但文化旅游业能划入文化产业范畴,第一是因为它们同以创意为核心;第二是它们的概念都从经营者的角度出发界定。文化产业源于创意,并以创意、创新为动力,文化旅游业当然也是如此。

随着现代社会的发展,文化旅游是备受青睐、生机盎然的旅游形式。文化因素影响着现代旅游活动,将会向更加深刻与深远的方向发展。要加快中国旅游业的发展,提高国际竞争力,就应该高度重视旅游文化建设。这也是旅游的文化本质特征的必然要求。[①]

三、旅游文化与文化旅游的区别

1. 内涵不同

"旅游文化"以"旅游"为限定词,而"文化"作为核心词,它属于文化类型;"文化旅游"以"旅游"为核心词,"文化"为限定词,它属于旅游活动的表现形式。

2. 研究内容与目的不同

"旅游文化"主要侧重于基础理论和活动中的文化内容;"文化旅游"主要侧重于产品的开发与经营管理、文化活动与市场需求。

[①] 米雨. 旅游文化与文化旅游的相关理论与实践问题[J]. 企业改革与管理,2017.

3. 旅游业的意义不同

旅游文化是文化类型,是活动的灵魂;文化旅游是活动的一种表现形式,是活动的组成和完善内容的结构。

第三章　旅游开发与品牌建设基本理论

　　近年来，随着我国旅游业的蓬勃发展，人们逐渐认识到旅游开发对城市经济的拉动作用，因此，如何进行旅游开发和旅游品牌建设成为各方关注的焦点。作为城市旅游开发的重要前提，城市旅游形象和品牌问题已经成为一个不可回避的内容。随着旅游地之间的竞争越来越激烈，游客对旅游地的选择日益多元化，人们的品牌意识已经由过去的旅游产品品牌和旅游企业品牌转向对旅游地品牌这一区域性旅游整体品牌的关注。

　　城市旅游品牌是对城市旅游产品特征的高度浓缩化的表述，也是城市旅游宣传促销中的主要诉求点。用构建品牌的思路来指导城市旅游的开发和规划，从旅游产品的开发、城市环境的改善、历史文化遗产的继承等方面体现城市旅游的个性，已经日益为各级旅游目的地所重视。学术界在旅游地开发和品牌建设方面做了许多研究，一些成熟的旅游地开发和品牌建设理论为开展旅游开发和规划工作、城市旅游品牌塑造提供了理论支持。

第一节　旅游地品牌建设理论

一、旅游地品牌的概念

　　旅游地品牌是指某一地理位置或某一空间区域的旅游品牌，将其运用于旅游城市则能确定一个城市的身份。旅游地品牌是旅游者对旅游区域认知的总和，能给旅游者带来独特的精神享受，给旅游地带来社会、经济、环境效益的增值。

首先，由于旅游者在旅游过程中需要接受多家企业的服务，消费者对品牌的认知判别需要综合全过程来考虑；其次，消费者选择旅游服务的模式比较特殊，即先形成心理偏好，后感知验证，这对旅游地提出了地域品牌的需求；最后，品牌本身是旅游产品的外延组成，良好的品牌形象能够给旅游者带来心理满足，创造精神价值。[①]

二、旅游地品牌的核心价值

（一）旅游地品牌核心价值的概念

旅游地品牌的核心价值是旅游地品牌资产的主体部分，它紧紧围绕旅游地本身能提供给旅游者的利益。它是旅游地品牌向旅游者承诺的功能性、情感性及自我表现性利益，它能让旅游者明确、清晰地识别并记住旅游地品牌的利益点和个性。品牌核心价值是旅游地品牌的终极追求，是旅游地品牌营销传播活动的原点，也就是说旅游地的一切价值活动都是围绕旅游地品牌的核心价值而展开的，是对品牌核心价值的体现与演绎，并充实和强化旅游地品牌的核心价值。

（二）旅游地品牌核心价值的形成

旅游地品牌核心价值建立在具体的旅游产品、旅游服务和旅游质量的基础上但又高于它们，是对它们特征的概括和抽象，由此形成旅游地品牌形象。其形成过程如图所示。

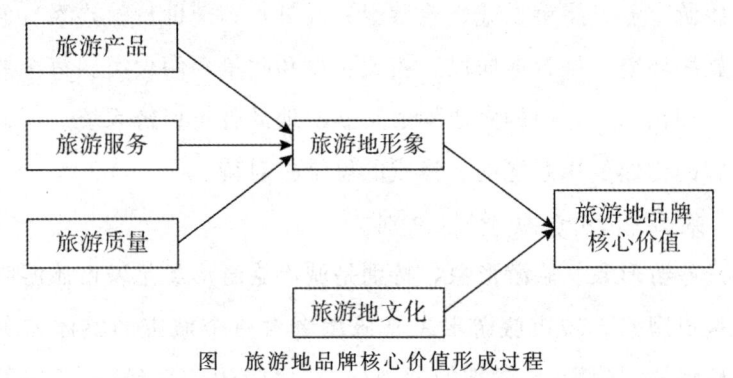

图　旅游地品牌核心价值形成过程

[①] 孙勇，樊杰，乔琴. 目的地品牌建设中的旅游供应链合作研究［J］. 运筹与管理，2023.

三、旅游地品牌构建研究

(一) 基于价值链的旅游地品牌构建要素

价值链概念由美国哈佛商学院教授迈克尔·波特首先提出，作为企业的一种战略分析工具，用以识别创造消费者满意价值的各种要素（活动）。价值链分析方法作为一种系统分析工具，认为实体（可以指企业，也可以指包括旅游地在内的区域）价值的创造产生于其自身所涵盖的一系列要素（活动）。实体价值是这些要素（活动）创造价值的总和。价值要素是构筑实体竞争优势的基石，但它并不是一些毫不相干要素的拼装，而是相互依存的要素构成的一个系统。

旅游地是一种集旅游形象、旅游产品、旅游企业、旅游设施等为一体的区域系统。目前，我国的旅游市场供给与需求的矛盾运动必然导致旅游地之间在发展本地旅游业时的竞争表现为以市场为导向的品牌竞争。从消费者的角度看，品牌是消费者在相关信息影响下对产品、服务或空间范围的感知印象形成的综合概念。品牌的应用领域已经由最初针对产品的一种标志符号，上升到包括区域等在内的大系统。因此，依据旅游者在旅游地游览消费的综合感知印象为价值判断，运用价值链的分析方法，可将旅游地品牌构建要素分为基本价值要素（旅游形象、旅游产品、旅游企业、旅游设施、旅游服务人员）和辅助价值要素（旅游地政府、旅游环境、旅游地居民、相关法律和政策）两大类。每个要素都不是孤立存在的，它们的集成构成了旅游地品牌价值链系统。因此，旅游地品牌的构建要用系统的、集成的思维去对待。

1. 基本价值贡献要素识别

（1）旅游形象。旅游形象，特别是城市旅游形象是城市旅游吸引力的重要构成因素，城市旅游形象是旅游者对一个城市的整体印象和感知，如珠海的"浪漫"、深圳的"现代"、厦门的"温馨"、西安的"古老"等，这些形象往往成为旅游者选择城市旅游目的地的重要方面，因此，具备特色和优势的城市旅游形象是旅游地品牌构建的基本依据。

（2）旅游产品。旅游产品是旅游者在旅游过程中所购买的服务或服务与实物的组合，是构成旅游吸引物的核心因子，如城市标志性建筑、特色街区、文化艺术场馆、宗教建筑、风景名胜区等及其提供的相关服务。可以说，旅游地品牌是旅游地提供给旅游者的一簇特色旅游产品的集中表征。

（3）旅游企业。旅游者去旅游最先接触和感受的对象就是旅游企业，旅游企业的形象是旅游地形象的缩影。因此，旅游企业建设关乎旅游地品牌构建的成败。

（4）旅游设施。旅游设施是开展旅游活动的基础，也是旅游地经济发展、市镇建设和科学技术水平的反映。因此，旅游设施是旅游地品牌构建不可或缺的重要因素。

（5）旅游服务人员。一支拥有专业水准、敬业精神的高素质旅游服务队伍会给旅游者留下深刻的印象，良好的旅游服务有利于拉近游客与旅游地之间的情感距离，增强旅游地的亲和力，加深旅游地在游客心目中的印象。

2. 辅助价值贡献要素识别

（1）旅游地政府。旅游地政府在旅游大环境营造、旅游公共服务设施建设、旅游产品宣传推广、旅游者利益维护等方面发挥着重要作用。

（2）旅游环境。适宜的生态环境和社会环境将影响游客对区域旅游品牌的评价，亦是旅游地可持续发展的必备条件。

（3）旅游地居民。旅游地居民对待游客的态度、行为将直接影响旅游者在当地的旅游体验质量。

（4）相关法律和政策。相关的法律和政策可营造一个良好的旅游大环境，充分保障旅游者等各方利益，提高旅游地的知名度和诚信度。

由此可见，基于价值链的旅游地品牌构建，可形成有效的品牌支撑系统，有利于品牌价值九大要素的协调运作，并为品牌打好坚实基础，可提供区域旅游的持续发展动力。[①]

[①] 孙勇，樊杰，乔琴. 目的地品牌建设中的旅游供应链合作研究 [J]. 运筹与管理，2023.

（二）城市旅游品牌要素体系分析

品牌是一个复杂的大系统，创立品牌更是一项复杂、系统的工作。作为经济社会发展到一定阶段的产物——城市也是个纷繁复杂的有机体。城市与品牌的结合使得品牌的结构要素更为复杂。城市旅游品牌是城市品牌的重要组成部分，或相互重叠，或互为补充。因而，城市品牌的结构要件也必然是城市旅游品牌的构成要件。

城市旅游品牌应该包括八大要素：质量、形象、文化、服务、环境、传播、管理和创新。城市经营者在打造自身的城市旅游品牌时只有综合关注这些因素，全面建设，才能取得成功。

（1）质量是城市旅游品牌的本质和基础，是使旅游者产生信任感的最直接原因。世界知名城市品牌如纽约、巴黎、日内瓦、香港等无不体现其城市的高质量。

（2）城市旅游品牌形象是指城市旅游品牌在市场上、旅游者和城市居民心中所表现出的个性特征，它体现旅游者和城市居民对品牌的评价与认知。

（3）品牌文化是指文化特质在品牌中的沉积。品牌的一半是文化，文化支撑着品牌的丰富内涵，品牌展示着其代表的独特文化魅力，文化与品牌相辅相成、相映生辉。

（4）服务是商品整体不可分割的一部分，为游客提供优质、完善的服务是城市接近游客、打动游客的最便捷的途径，也是打造城市旅游品牌的途径。

（5）环境是城市旅游品牌的重要组成部分。旅游活动离不开环境系统，环境展现给旅游者的舒适感、安全感等在很大程度上影响其对旅游城市的评价。

（6）城市品牌的塑造离不开有效的传播，通过传播将城市的技术水平、经济实力、市容及市民素质、综合风貌等全面展示给世人，才能有效地在公众面前树立起良好的城市品牌。

（7）品牌的成功靠管理。成功的品牌无不依赖管理的创立、发展、创新。管理是城市品牌成功的依靠，是城市品牌得以健康成长的基础。

（8）品牌需要不断创新。城市旅游品牌创立之后并非一成不变，品牌的长远发展要依靠技术创新、市场创新、管理创新等。

(三) 旅游品牌构建框架与品牌力模型

1. 旅游地品牌构建框架图及其关系

目前,品牌的应用领域已由最初针对产品的一种标志符号,上升到包括区域等在内的大系统。旅游地是集旅游吸引物、旅游产品、旅游企业、旅游设施等为一体的区域系统。这个区域系统的品牌除了有旅游地名称、术语、标记、符号、图案及其组合外,还应由质量、形象、文化、服务、环境、传播、管理和创新等八大基本要素组成。一般认为,优异的质量是品牌的立足之本;完善的服务是品牌的支持者;良好的形象是支撑品牌的脸面;深厚的文化是品牌的依托;管理是品牌持续发展的基础;传播与公关是品牌的左膀右臂。

但是,区域旅游品牌并不是各种独立要素的简单集合,而是相互依存的各个要素合力集成的价值系统。旅游地品牌构成要素是相互联系的,其内部活动是由价值要素联系起来的,它反映了各种要素协调的内在需要。

2. 旅游地品牌力的数学模型

上述八大要素可看作对品牌价值的贡献力要素。从物理力学角度来讲,各要素均可看作一种作用力,其力量的大小、方向、冲击性、能量等可以用现代物理学来计算。品牌也可看作一种力量,是形象力、文化力、传播力、创新力等诸多力量的叠加与合成的结果。

第二节 区域竞合理论

一、竞合博弈理论

(一) 波特的竞争力理论

1980 年,迈克尔·波特出版了《竞争战略》一书,引起了企业界的强烈反响。波特认为行业中存在着决定竞争规模和程度的五种力量,这五种力量综合起来影响着产业的吸引力,它包括新的竞争对手入侵、替代品的威胁、买方议价能力、卖方议价能力及现存竞争者之间的竞争。他提出了三大一般性战略：总成本领先战略、差异化战略及专一化战略。关于价值链的理论，他认为竞争优势源自企业内部的产品设计、生产、营销、销售、运输、支援等多项独立的活动，企业的各种活动既是独立的，也是相互联系的。他还提出了钻石体系（菱形理论），该体系主要包括生产要素、需求状况、企业的战略、结构和竞争对手、相关产业和支持产业表现。

（二）亚当·布兰顿伯格和巴里·纳尔布夫的竞合博弈理论

进入 20 世纪 90 年代以来，特别是全球经济一体化、信息及技术全球化的风潮愈演愈烈，整个世界正在结成一张庞大的以经济、信息、技术乃至政治为纽带的关系网络。每一个国家和地区，每一个企业与个人，都成为这个网络上的节点，彼此之间既紧密关联又相互制约。这种关系反映在企业的微观层面上，使企业开始逐步认识到，作为一个经济组织，其存在的合理性是为社会创造价值并满足需求。竞争，只是企业生存和发展的手段之一，而不是目的。传统的企业竞争方式是采取一切可能的手段，以竞争对手的失败和消失为目的。现代竞争方式和竞争规则已经转向更深层次的合作竞争，即为竞争而合作，靠合作来竞争。

美国学者亚当·布兰顿伯格和巴里·纳尔布夫在《哈佛商业评论》上发表的一篇文章中，首次提出"竞合"的概念。竞合是合作与竞争的混合词，目的在于促使管理者同时从合作与竞争两个角度去思考企业竞争。它主张企业一改以往"鱼死网破"的竞争思路，而坚持"双赢策略"，其实质不仅是实现企业优势要素的互补，增强竞争双方的实力，而且是作为某种竞争战略加以实施，促使企业建立和巩固市场地位。

博弈论运用"两个囚犯，两种选择"的博弈模型从理论上深刻揭示了竞争与竞合为博弈双方带来的迥然不同的结局：零和博弈。在这种博弈中，一方的赢必然伴随着另一方的输，不管各博弈方如何进行决策，最后的情况是，社会总得益即各博弈方得益之和为零。常和博弈。在这种博弈中，各种结果下的各博弈方得益之和总是等于一个非零常数。与零和博弈一样，常和博弈各方的利益关系也是对立的，一方多占有一点儿利益，另一方必然会少。变和博弈，意味着在不同策略组合下各博弈方的得益之和是不同的。倘若博弈各方之间相互配合，则可能争取到社会总得益和个人得益均较大的理想结局；反之，则社会总得益和个人得益均较小。

由此可见，当利益双方都从竞争的角度出发做出自己的决策时，最终结果只能是"共输"。反过来，只有当双方都抱着一种合作与信任的心态共同处理一个难题时，才能实现最终的"共赢"。[①] 既竞争又合作才是博弈论所追求的均衡状态——全新的互惠互利型合作竞争。在旅游地开发和旅游企业的经营中，如何在竞争与合作的博弈中实现地区的共同发展和企业的合作共赢，成为一个关键问题。

二、城市竞争与城市合作

区域内城市之间的关系既是竞争关系也是合作关系，确切地说，是一种竞争性合作与合作性竞争的关系，简称竞合关系。

（一）城市竞争

城市竞争是一种特殊的竞争形式，它是指一个区域内一个或多个城市通过城市经济活动与其他城市为获取非任何城市都能获得的、影响区域共同利益的对象而展开的角逐与较量。资源竞争的前提是资源的稀缺性。城市竞争大致上可以分为两个层面上的竞争：城市间的市场竞争和城市政府间的竞争。

1. 城市间的市场竞争

资源的稀缺性是资源配置经济性的前提，对稀缺资源占有权和使用权的争夺是绝大多数城市间竞争产生的根本原因。信息、知识资源本身的不断扩展性和开发利用的合作性，决定了现代城市的竞争必然是一种合作性的竞争。从一定意义上说，城市竞争是一种空间竞争。它是为了获得有利的产销条件或较高的区域收益而展开的竞争。由于竞争主体一般带有地域性，因而竞争优势的获得源于区域优势及市场需求。而市场需求是有一定界限的，每一种产业或产品均以消费者的需求偏好及购买力等因素而表现为一定的市场空间。这样，城市竞争往往以城区间企业竞争的形式出现，竞争的目标也主要表现为分割市场份额，竞争优势也

---

① 苏洁. 区域旅游竞合利益均衡及合作稳定机制构建 [J]. 统计与决策，2016.

就表现为对细分市场份额的占有。

2. 城市间的竞争

城市间的竞争指城市政府间为追求排他性利益而展开的角逐。竞争的目标是扩大城市的综合竞争实力。从城市竞争力指标看，地方政府间的竞争所追求的目标是全方位的，利益取向是多元化的，竞争方法也是多样性的，但最终目标都是为了提高城市的综合实力。

城市竞争是上述两个层面竞争的综合，单纯地将城市竞争视为市场竞争或政府竞争的观点都是片面的。而且，这两个层面的竞争是相互影响、互相依存、互相支持的。尽管它们在竞争目标、方法和策略等方面存在着差异，有时甚至存在着矛盾与冲突，但在追求区域利益这一点上是一致的。

（二）城市合作

由博弈论我们知道，对于两个城市而言，双方竞争的最佳结果源于城市合作。同时也说明，在区际经济关系中，使双方均能受益的则是城际合作关系，即城市间通过合作谋求共同发展。显然，这一共同策略的获得需要市场机制之外的政府力量的介入。

在区域合作中，行为主体的多元化带来了行为主体利益导向的多重化。区域合作的目标是区域的共同利益、城市本位利益和厂商利益等多种利益关系的函数。这些利益既存在合而为一的一致性，又存在单一利益目标为主体的独立性，乃至多重利益目标的对抗性。因此，地方政府在促进各合作主体谋求区域共同利益方面具有举足轻重的地位。

城市竞争中合作的基点来自区域优势的重组。区域优势既是竞争和合作的基础，也是竞争和合作的结果。在这种情况下，城市优势不仅仅是区域竞争及区域经济关系的基础，而且在逻辑上和实践上是城市竞争的结果。在城市竞争过程中，区域的经济资源由于其流动性将以城市优势为基础而实现重新配置。可见，无论是城市竞争，还是区域合作，均是出于强化区域优势或城市间优势互补的目的，通过结构的调整与改善，促进区域经济协调、快速、健康的发展。同时，为了在全球竞争中获胜，城市必须和区域内其他城市合作，在合作中获得更大的竞争优势，实现双赢。

我国旅游业正面临着前所未有的发展机遇和日益激烈的市场竞争态势，单一的旅游目的地已难以形成对远程游客的吸引力，因此，以区域合作为基础的新的旅游竞争体系正在形成。

第三节 产业集群理论

一、产业集群的内涵

"集群"一词最初见于美国学者迈克尔·波特的《国家竞争优势》。我国对产业集群问题的研究是从20世纪90年代中期开始的，一些专家学者在经济学的基础上，结合地理学、社会学、生态学的观点对产业集群现象进行了研究。波特认为，产业集群是一种基于市场的自然现象。人类的许多经济活动都具有明显的空间集聚趋向。

产业集群是指在特定区域中，具有竞争与合作关系，且在地理上集中，有交互关联性的企业、专业化供应商、服务供应商、金融机构、相关产业的厂商及其他相关机构等组成的群体。许多产业集群还包括由于延伸而涉及的销售渠道、顾客、辅助产品制造商、专业化基础设施供应商等，政府及其他提供专业化培训、信息、研究开发、标准制定等机构，以及同业公会和其他相关的民间团体。产业集群超越了一般产业范围，形成特定地理范围内多个产业相互融合、众多类型机构相互联结的共生体。产业集群发展的状况已经成为考查一个经济体或其中某个区域和地区发展水平的重要指标。

产业集群从整体出发挖掘特定区域的竞争优势，着眼一个特定区域中，具有竞争和合作关系的企业、相关机构、政府、民间组织等的互动。这样使它们能够从一个区域整体来系统地思考经济、社会的协调发展，来考察可能构成特定区域竞争优势的产业集群，考虑邻近地区间的竞争与合作，而不仅仅局限于考虑一些个别产业和狭小地理空间的利益。

是什么使得一个区域成为有创新性的区域呢？区域产业的配置、技术基础结构、文化和制度等都对区域的创新性产生重要影响，而分析的出发点是产业集聚。区域的核心竞争力往往表现在具有地方特色的产业集群上。这种由大量相关企业空间集聚所形成的本地化的产业氛围，是其他区域最难以模仿的。

从经济学的角度看，本地的产业集群可以带来外部经济，包括外部规模经济和外部范围经济。不同企业分享公共设施和专业技术劳动力资源，可大大节约生产成本，促进企业之间的分工和增加生产灵活性。从社会学的角度看，本地的企业相互靠近，可以在长期的交往中，逐渐建立人与人之间的信任关系和保障这种信任关系的社会制度和安排，积累社会资本，降低交易费用。而从旅游业角度看，发展产业集群，营造区域创新环境，构筑区域特色，是形成旅游业持久竞争力的有效手段和重要保证。[①]

二、旅游产业集群的内涵及特征

（一）旅游产业集群的内涵

旅游产业集群可定义为：在特定地理空间集中的趋向下，各种旅游要素通过网络、产品链或战略规划等方式连接起来的区域旅游产业群体。旅游产业集群的形成主要受旅游要素（旅游产品、客源市场、信息资源、目的地形象、企业品牌、人力资源等竞争要素条件）不断集聚的推动，在特定地域和具备一定的社会资本前提下形成具有一定规模和竞争力水平的区域旅游产业群体。

（二）旅游产业集群的特征

1. 地理上的集聚特征

依托诸多旅游吸引要素而形成的各类旅游企业在地理位置上的集中，因规模经济和范围经济导致产生集聚点，进而产生旅游产业群。产业集群理论认为地理上的集聚有利于知识的获取和社会资本的形成。

2. 专业化分工与合作特征

规模不同的各类旅游产业集群不仅涵盖了众多旅游吸引物，还包括

---

① 贾盈盈.产业集群理论综述［J］.合作经济与科技，2016.

各类宾馆、餐饮、商业文化与娱乐中心及旅游房产等相关配套设施,它们特色各异、彼此依赖,形成各具特色的专业化功能分工与互补协作现象。集群内部既存在生产同质性旅游产品的部门为争夺客源市场而发生的激烈竞争,也存在企业间正式或非正式的合作关系,特别是各类管理人员在共同的文化背景和制度环境下,产生了一定程度的信任、理解和相互合作,形成了不可替代的社会资本,由此推动了旅游企业的创新和集群的持续发展。

3. 关联性特征

旅游产业集群通过产业链的横向和纵向扩张,拓宽了旅游市场,优化了集群区域内的产业结构和收入结构,提升了整体旅游吸引力和竞争力。

4. 经济外部性特征

经济外部性是产生企业集聚的最根本特征。由于无论是区位优势指向而形成的旅游目的地产业集群,还是依据区域内某一主导产业为核心而衍生出的旅游产业集群,都具有对区域特有的旅游资源的高度依赖性及共享集群范围内的各种社会资源和市场信息资源的特征。集群内部由于支持性产业和配套性设施、自然与社会文化环境要素和旅游企业网络内部的知识溢出等优势的存在,强化了要素的优化配置,提高了基础设施和服务设施的使用效率,有利于降低各种互补活动的成本,从而提高了旅游产业集群内企业的外部经济和整个产业经济的相对效益。

5. 动态特征

具有生物体特征的产业集群总是在不断变化发展,产业集群特征与其发展的生命周期阶段有直接的联系。一般而言,集群根据生命阶段可划分为企业集聚阶段、集群形成阶段、集群发展阶段、集群成熟阶段和集群转型阶段。在外部市场等环境要素和集群内部要素的共同作用下,旅游产业集群具有不断从低级到高级、从简单到复杂的动态演变过程。当然,在集群的发展过程中也会呈现出旅游产业特有的不稳定性,如附属于美国加利福尼亚州葡萄酒主导产业集群的旅游产业集群的发展就经历了探索阶段、投资阶段、发展阶段、巩固阶段、停止阶段、下降阶段、合作阶段与保护阶段等发展过程。

三、产业集群对旅游的影响

产业集群作为一种区域旅游发展战略,在提升区域旅游内聚力和促进区际旅游和谐共生等方面有着重要的作用。首先,产业集群促进了企业合作,完善了旅游功能,也为旅游企业提供了良好的创新氛围,从而具有较高的创新效率和动力。其次,产业集群提高了旅游地的商业吸引力,包括对旅游者、旅游开发投资商、旅游供应商、旅游专门人才等的吸引力。再次,产业集群有利于树立区域旅游品牌,提升整体竞争力。最后,产业集群还有利于加强旅游地环境治理,如以整体、系统的思想来开发旅游资源和建设旅游基础设施,保持整个区域的协调性和旅游产品的完整性,确定合理的环境容量,等等。

四、旅游产业集群的网络结构

旅游产业有着极其严密的结构体系,产业组织间既有纵向关联又有横向关联,因资源的区位特征还会产生区位优势指向。横向上,旅游产业的各个组成部分小到企业的某个部门、单个企业,大到整个行业、整个产业,虽然规模不一、水平各异,但为旅游者提供满意的旅游产品和服务的共同宗旨使它们结成一个相互关联、休戚与共的集合体。纵向上,这些企业或行业因在旅游产业中的地位、作用及发展的先后顺序的不同而呈现出明显的层次关系。

物种的多样性比单一性更具有活力,这一特点表明,各旅游要素企业及跨要素集群的企业关联与链接及其组织形式的存在可以增强集群系统内部的功能与活力,进而实现集群系统的可持续演变。旅游产业具有类似于生物群落的群落特征,它是一种由多个彼此相关联的企业共同组成的产业共生系统,群落内的企业互相合作,使群落内的总体资源得到最优化利用。在外部形态上,旅游产业常常表现为一定地理范围内的大小有别，分别处于产业链上、中、下游不同位置的一群企业的松散结合，如主题公园、自然保护区、旅游度假区、环城游憩带等。如同生态系统获得一种事物不可能固定在一条食物链上一样，旅游企业在其上下游的价值链中往往同时属于数条价值链，甚至不同的群落。

产业集群是由具有共性或互补性的一组在地理上靠近的企业的聚集所构成。因此，产业集群由共性企业的聚集和互补性企业的聚集所形成的两种类型，其聚集的网络结构特征也有所不同。[①]

[①] 李冠，生光旭. 产业集群理论在各产业领域的研究 [J]. 福建质量管理，2017.

第四章 地方特色文化旅游品牌的符号学解析

地方特色文化旅游品牌是地方特色文化旅游经营者用于代表自身及其产品（服务）特征的，便于并促进旅游者对其感知的由名称、标志等组成的文化符号系统，目的是表达和传递与该地独特关联的旅游体验的价值承诺。作为符号系统，旅游品牌可以用现代符号学的思想对其进行解析。

第一节 符号学视角下的品牌解析

一、基于索绪尔符号学视角的品牌解析

瑞士语言学家费迪南·德·索绪尔认为，符号是由能指（词汇）和所指（对象/内容）两部分组成的两面实体。能指是符号的形式，用于指称或代表某一事物的媒介物，处于表达层面；所指是符号的内容，即被指称或涉及的事物，处于内涵层面。能指与所指之间的关系是任意的，由社会约定俗成。按照索绪尔的观点，品牌符号可以看作包括符号能指、所指及二者之间对应关系的两面实体（见图）。品牌符号的能指通常表现为一个名称、标志或其组合，品牌符号的所指是品牌符号所代表的内容及意义。

图　基于索绪尔符号学理论的品牌符号

受索绪尔符号学理论的启示，我们认为对品牌符号应从两个方面去认识：一是品牌符号本身，它是符号的客观形式和物质载体，其作用是引起消费者的注意，将自身及其产品/服务与其他品牌及其产品/服务区别开来。二是品牌符号的所指，它是符号的内容，是符号的心理层面，其作用是通过有意识地赋予符号以某种意义，引发消费者对符号内容的心理认同。应用索绪尔的符号学观点对品牌符号进行剖析，可以清楚地看到，创建品牌远不是设计一个好的名称和标志那样简单，它至少包括三个最基本而重要的环节：创造品牌符号本身（能指）；"赋予"符号以内容和意义（所指）；传播符号及其意义，使之为受众所知晓。这实质是一个符号形式创造、符号内容和意义"赋予"、符号意义被传达和认知的过程。

二、基于皮尔斯符号学视角的品牌解析

美国哲学家查尔斯·桑德斯·皮尔斯把符号理解为代表或表现其他事物的东西，可以被人理解或解释并对人有意义。符号由三个要素构成：媒介，它是一种物质存在，用于表征或替代某一对象；指涉对象，即符号所指称和表征的事物；解释，即为人所理解并传达出一定意义。这三种要素不可分离，是"三位一体"的，皮尔斯符号的三角形形象地表达其符号学思想。

任何一个符号都是由上述三个要素构成的"三位一体"的完整的符号体系，符号之所以能成为符号，在于某人（解释者）用它（媒介）代表某一事物（对象），而符号之所以能代表他物，在于能被解释者解释。符号离不开"解释者"的解释，同一符号往往面对不同的解释者，从而得到一致或不一致的"解释"。品牌作为一个符号或符号的组合，按照皮尔斯的符号学理论，也必然具有"三位一体"性，即由"解释""媒介""对象"所构成的完整的符号整体。

品牌符号的"三位一体"性表明，品牌概念必然要涉及企业的表达或消费者感受、企业名称和标志、企业及其产品/服务三个要素，分别

对应皮尔斯符号学里的"解释""媒介""对象"。

品牌既不是产品本身,也不是名称/标志,而是由企业名称/标志、产品/服务以及企业表达或消费者感受三个要素构成的有机整体。在这个"三位一体"的整体品牌概念里,"解释""媒介""对象"三要素存在着代表与被代表、表示与被表示、反映与被反映的逻辑关系,并一同出现。①

受皮尔斯的符号学理论的启发,我们应从整体上把握品牌概念,在品牌的构建过程中,要注意以下几个方面:

(1)品牌名称和标志是一种典型的符号(媒介),要通过精心的设计,发挥其自身的"符号价值",能够表达和传递反映地方特色旅游资源中独特的文化内涵。

(2)以产品和服务为基础,注重产品品质和服务质量,没有优质产品和服务的支撑,品牌名称和标志将是无源之水、无本之木。

(3)"解释"是一种主观思维活动,因对象和视角的不同,其含义也各不相同。企业应从消费文化的角度,赋予品牌更多的、符合消费者审美情趣的价值内涵,为顾客提供更多的"情感性利益",引发消费者的心理认同,培育和维系消费者与品牌之间的忠诚度。

第二节 基于文化符号的地方特色文化旅游品牌

品牌是一种名称、术语、标志、符号或设计,或是它们的组合,其目的是借以辨认某个销售者或某群销售者的产品或服务,并使之同竞争对手的产品或服务区分开来。

一、地方特色文化旅游品牌三角形

地方特色文化旅游品牌是品牌的一个种类,可以直观地表现为一个

---

① 林晓清. 城市文化符号设计研究[J]. 华东纸业,2022.

典型的文化符号，其同样遵从符号"三位一体"的属性。在地方特色文化旅游品牌三角形中，旅游体验表达（消费者认知）、城市名称及标志、产品/服务分别对应着皮尔斯符号三角形中的"解释""媒介"和"对象"项。其中，"解释"项作为一种人的主观思维活动，具有不确定性，即地方特色文化旅游管理者和经营者对于地方特色文化旅游品牌符号的解释（对地方特色文化的表达）与消费者对地方特色文化旅游品牌的解释并不一定是完全吻合的，常常存在偏差。为了使自己有关品牌的解释达到与目标市场消费者的认知一致或相同，地方特色文化旅游的管理者和经营者要适时进行市场调查，了解和掌握品牌认知的实际情况，采取相应的措施进行改进和调整。

地方特色文化旅游品牌既不是城市本身，也不是城市名称及标志，而是由地方特色文化旅游管理者和经营者表达（消费者认知）、城市名称及标志、产品/服务三要素组成的整体性的文化符号。三个构成要素之间存在着逻辑关系，即管理者和经营者的表达（消费者认知）反映着城市旅游文化特色，城市名称及标志代表着地方旅游文化特色，产品/服务支撑着地方旅游文化特色。

地方特色文化旅游品牌三角形为正确认识和理解地方特色文化旅游品牌这一抽象的概念提供了一个简单但有力的工具，即从整体上把握这一抽象的概念，把地方特色文化旅游品牌看作一个文化符号整体，并牢牢把握品牌构成的三要素以及它们之间的逻辑关系。[①]

二、地方特色文化旅游品牌构成要素

现代营销学之父菲利普·科特勒在《营销管理》一书中指出："品牌的要点，是销售者向购买者长期提供一组特定的特点、利益和服务。最好的品牌传达了质量的保证。然而品牌还是一个更为复杂的符号标志。"一个品牌应能表达出6层含义：属性，品牌首先给人带来特定的

---

① 夏铭，谭芳，王红兵. 基于地域文化的特色旅游文创产品设计探讨[J]. 天工，2022.

属性；利益，属性需要转化成功能和情感利益；价值，品牌体现了制造商的某些价值感；文化，品牌象征一定的文化；个性，品牌代表了一定的个性；使用者，品牌还体现了购买或使用这种产品的是哪一种消费者。因此，地方特色文化旅游品牌作为符号系统，一方面要体现地方特色文化旅游资源中的特殊文化理念和内涵，另一方面又要结合旅游者的需求，使旅游者通过旅游体验获得一定的利益。

  王连森运用符号学的相关理论，提出了"整体品牌"的概念模型，受其启发，并根据地方特色文化旅游自身的特点，本书从地方特色文化旅游品牌三角形出发，将地方特色文化旅游品牌的构成要素归纳为：经营者关于地方特色文化旅游的表达、城市品牌名称及标志、地方特色文化旅游产品/服务。其中，经营者关于地方特色文化旅游的表达是地方特色文化旅游管理者和经营者通过各种方式对于地方特色文化旅游的"解释"或"表达"，目的是告知旅游者关于该地城市旅游所能提供的独特旅游体验的价值承诺，以影响旅游者对地方特色文化旅游的认知（强化与经营者表达相一致的认知或修正旅游者的认知偏差）。后二者是客观存在物，属于地方特色文化旅游品牌的物质层面。换言之，地方特色文化旅游品牌是一个整体性的概念，地方特色文化旅游品牌除了包括地方特色文化旅游产品/服务、城市名称及标志外，还包括地方特色文化旅游经营者关于地方特色文化旅游的解释（表达）。这些解释（表达）通过语言、文字、图案、线条、色彩等各种符号向外界展示和传播地方特色文化旅游的某种独特的理念，这些解释（表达），包括解释（表达）的内容以及解释（表达）方式或活动本身构成了地方特色文化旅游品牌的一部分，不断诠释和丰富着品牌的内涵，使地方特色文化旅游品牌成为一个有意义的文化符号，成为旅游者认知、了解地方特色文化旅游的媒介。

  （一）地方特色文化旅游管理者、经营者的表达或旅游者认知

  地方特色文化旅游品牌表达是通过各种符号对地方特色文化旅游独特体验价值的"描述"或"宣传"，其目的一是让旅游者了解该地地方

特色文化旅游的特色，吸引旅游者前来消费；二是培养旅游者对该地地方特色文化旅游形象的良好认知，纠正旅游者对管理者和经营者关于地方特色文化旅游独特价值承诺的认知偏差，修正这种偏差，消除负面影响，使旅游者对地方特色文化旅游的认知与地方特色文化旅游的管理者和经营者的表达趋于一致；三是发挥"解释"项的联想功能。通过各种方式源源不断地表达经营者关于地方特色文化旅游的"解释"，赋予和充实地方特色文化旅游品牌的内涵，使其逐渐成为一个有意义的文化符号；利用"表达"所包含的丰富内涵，引导旅游者产生与地方特色文化旅游管理者和经营者期望相一致的正面联想，激发旅游者的旅游动机，影响旅游者的目的地选择，发挥地方特色文化旅游品牌的指向作用。

（二）城市名称及标志

城市名称、标志或它们的组合是地方特色文化旅游品牌的外在表现形式，他们是地方特色文化旅游品牌最直接的物质载体。

（三）旅游产品/服务

尽管在消费社会的消费观影响下，符号在社会生活中的地位和作用日益显著，受到消费者的重视与青睐。但是，任何符号其价值都不可能完全脱离具体产品的使用价值而独立存在。从前面的分析中我们可以看到：品牌是一个"三位一体"的整体概念，产品/服务是符号所指涉的对象。就旅游而言，旅游者只有以具体的产品/服务为载体，通过旅游体验去获得对旅游品牌"解释"项的感知。旅游产品/服务质量的优劣直接影响旅游者体验质量的高低，产品/服务是地方特色文化旅游品牌重要的构成要素之一。[①]

[①] 姜艺景，沈宇峰. 基于地方特色文化的文化品牌创意产品研究[J]. 品牌研究，2020.

第五章 地方特色文化旅游品牌设计——城市品牌设计

第一节 城市品牌设计的原则

一、促进经济发展的原则

城市品牌形象是城市对内及对外展示的良好形式，精准的城市形象定位及构成元素对于城市品牌设计具有很大作用。同时，社会经济的发展对于城市品牌形象的定位及构成元素都有较大影响。城市品牌形象是城市外在的表现形式，而其根源则在于城市经济的发展水平。经济的发展水平决定了城市品牌设计，反过来讲，城市品牌设计则促进了城市经济的发展。城市的品牌形象设计是通过城市的发展从而衍生出来的外在形式。所以，城市品牌设计要根据社会经济的发展水平，重视城市经济的发展状况的同时跟进城市品牌设计。这两方面是相辅相成的关系，不能孤立、片面地发展其中一方面。具体而言，首先，是经济基础决定上层建筑。社会经济平稳发展，才能够有能力、有条件去实施品牌形象的建设。其次，改变城市品牌形象的根本是经济的逐步发展。社会经济的发展促使城市现代化的建设，使公众对城市形象有了新的认识及理解，反映出新的城市形象，从而改变了城市品牌形象。最后，社会经济的发展是城市品牌设计的物质及经济基础。社会经济达到一定的水准，人民的生活目标由物质生活转向精神生活的追求，城市的环境建设才能得到更新及改造，城市功能不断完善，最终实现城市品牌形象的完美呈现。

二、城市差异化原则

差异化是城市品牌设计的灵魂。在进行城市品牌设计定位时，要在城市特有的文化、历史、自然环境、民族风俗等方面体现城市之间的差异性。城市品牌行为识别系统及视觉识别系统是城市个性化的表达方式。突出城市的差异性，是城市品牌设计时必须遵循的原则。

城市的差异化可以通过城市的内部和外部特征体现。城市的内部特征是城市的政治、经济、科技、文化、历史等元素。城市的外部特征则是由所在地的地理环境决定。例如，山东济南是古东夷文化，其标志设计融入了山河湖城的自然生态景观，还加入了柳树、荷花、鸟等元素，不仅能突出济南城市的地域性特征，还体现了人与自然和谐统一、时尚现代的特征。

通过有规划的突出城市差异性特征，塑造城市品牌形象设计是城市形象的核心竞争力。具有差异化特征的城市能够使城市的自身特征更加突出，成为城市品牌推广的独特卖点，是城市之间竞争的优势所在。[①]

差异性较强的城市品牌设计可以帮助城市取得更大的竞争优势，赢得人民的认同感及自豪感。例如，武汉城市的标志设计，其整体造型为"汉"字，左边的三点水呈现了水波造型，可以体现武汉山水的特征，其右边为黄鹤楼的形态，这两个形态都体现了武汉最具特征的元素，即山水和黄鹤楼，色彩配以五种不同的绚丽色彩及独具特色的设计，将东方文化和国际化元素进行了有机结合，体现了"东情西韵"的特征。因此，准确地把握城市的优势、特征，将这些元素进行挑选、排序，集中突出其中的某一个特征，使城市的品牌形象发挥到极致，从而凸显城市的差异性。

三、依据历史文化的原则

城市形象是每个时代文化所衍生出的产物，城市也在不断地更新其

---

① 徐燕. 旅游城市品牌的设计策略研究 [M]. 北京：中国建材工业出版社，2018.

固有形象。在城市品牌设计中，始终要保持历史文化的继承与发展。城市的历史文化、传统建筑等极具艺术特质的内容可以反映城市的个性。不仅要对城市文物建筑进行维护、重建，同时新建筑也应配合古建筑的艺术特征，进行延续化的传承。只有充分保护历史文化，才能使城市体现出悠久的历史及丰富的文化内涵，使城市的品牌形象更具个性。例如，湖南省境内的汨罗市曾经是屈原以身殉国的地方，其中文化遗产端午节和赛龙舟成为汨罗市的城市标志性特征。标志整体以龙舟为主题，体现出了"端午源头，龙舟故里"的含义，体现了汨罗人民积极奋进的精神。历史文化遗产是城市可贵的财富，不论多么优秀的城市品牌形象设计都要根据城市特征来塑造有文化底蕴的城市品牌形象。

四、突出城市的地域化特征原则

人们的生活习惯是依据地域性特征来进行经济发展的。在历史上，不同的地域性特征产生了不同的文化特质。地域性特征对城市的形成与发展有着重要作用。城市依据地域化特征进行规划布局，设计体现地域性特征的建筑、景观等，从而发展城市品牌形象。大连市是沿海城市，利用海岸线及黄金海岸呈现了"V"字的带状分布。深水区作为码头，浅水区作为生活岸线，临海建道，依山建楼，既可以观看海景，又可以美化城市。又如南北方的气候差异，冬季寒冷干燥使北方建筑敦厚稳重，南方湿润温和的气候则适宜轻盈通透、颜色淡雅的风格特征。由此，城市地域化特征是城市品牌设计的动力，城市品牌形象要统筹城市文化及地域化特征为依托来建设。

五、融合自然的原则

自然是创造万物的源泉，是人类社会的起源，同时也是城市形成的根本所在。因此，人与自然和谐发展则是城市发展的根本，顺应自然、融合自然的城市形象才能形成独具风味的城市。对城市的原有生态形象进行大肆的破坏，不仅导致城市的生态遭到破坏，还会丧失城市的个性化特征，城市品牌形象设计缺乏了自然的根基。人类是天地万物的组成部分，人类的建设与发展离不开自然的给予。由于经济发展与城市形象建设发展不同步，使城市的整体建筑风格大同小异，犹如工厂生产的批量化产品一样，缺少了自然的特征。同时，生态的巨大破坏及自然灾害的泛滥，人们开始有意识地退耕还林、恢复自然的生活环境。[①] 因此，不论是城市建设还是城市改造都需要遵循与自然和谐相处的原则，顺应自然发展，将城市建设有机地渗透城市内部自然山水中去。城市品牌形象的塑造要与大自然浑然天成，充分提取城市的个性化特征元素。

六、注重城市未来发展原则

城市的品牌形象建设是为了城市有更好的发展前景，要想做好城市品牌形象建设就需要推动城市的经济、文化发展，进行长期性投资，勇于面对建设中出现的各种不同意见。如大连市在塑造浪漫都市时，将长远规划放在首位，积极建设城市广场、城市绿化等。通过十多年的努力，大连市成功地树立起了"浪漫都市"城市品牌形象，吸引了大量游客和外商进行投资，获得了巨大的经济效益。因此，城市品牌形象要着眼未来发展目标，做好未雨绸缪的准备。

第二节 城市品牌设计的作用

城市品牌设计的构建终极目标是为了通过设计，有效地提升城市形象，促进城市的经济发展。树立良好的城市品牌形象系统使公众更易于认同城市的新形象，做出与城市发展一致的行为，从而实现城市目标及公众目标的统一。城市品牌形象是城市全方位、整体化的精神风貌的表现。在进行城市品牌形象设计时，可以充分发挥城市特质，塑造城市的个性，将雷同化的城市形象改变成具有自身 DNA 的城市形象设计，从

---

① 徐燕. 旅游城市品牌的设计策略研究 [M]. 北京：中国建材工业出版社，2018.

根本上塑造城市品牌形象，推动城市全面发展。①

一、改善城市外部环境，扩大发展空间

城市的外部环境是城市品牌设计的基本要素，通过城市品牌设计可以取得外部公众的认同，吸引外资，扩大本地就业市场。城市品牌设计能够有效地吸引外来游客，获得较好的经济收入及就业机会。例如，张家界通过发展旅游业，塑造城市旅游形象有效地运用城市品牌形象系统的理念，带动了多种产业的发展，不仅解决了人口就业问题，同时使人民的生活水平得到了提高，使城市的发展形式及空间得到了巨大的发展。

二、促进城市经济发展

城市品牌设计既可以提高经济的发展速度，同时还能改善城市生态环境，是提高城市竞争力的重要举措。城市品牌设计是随着经济发展形成的产物，可以极大地促进城市的活力，促进城市软硬件环境的建设，凝聚个人及公众的力量。通过结合城市管理理论、城市建设理论、城市规划理论及现代技术理念，打造出个性化、独具特色的城市品牌形象，不仅能增强城市人群的凝聚力，还具备向外辐射的作用，促进城市经济的健康和谐发展。城市品牌设计能够彰显城市在竞争中的政治、经济、文化地位及作用，代表了城市的特征及未来发展方向，为城市的发展做出全局性的战略谋划。同时，伴随着自然环境、经济环境、政治形势及人口规模等条件的变化，要慎重地做出并确立城市发展的战略。

三、推动城市多方面的发展

城市品牌设计作为城市发展的载体，将实现城市社会发展的全方

---

① 刘仁. 城市品牌视觉形象设计研究 [M]. 西安：世界图书出版西安有限公司，2018.

位、多层次的展示。随着经济全球一体化，城市变成一个公平、开放的平台，若要实现城市的良好发展，则需要精心打造品牌与形象，塑造独具特色的城市品牌形象。品牌设计对于城市吸纳人才及资金、扩展技术和交易等方面都有促进作用。城市品牌设计的有效实施，则需要遵循以人为本，力争建设全方位、多角度、立体式的发展模式。城市的基础设施硬件要进行规范且需要提高组织制度和市民的思想道德观念等，从而带动城市的物质文明及精神文明建设。城市的品牌设计有助于城市的经济、文化协调发展，是可持续发展的重要途径。通过城市的品牌理念识别、城市行为识别、城市视觉识别等方面作为城市的系统化工程来实施，长远地推动城市全方位发展，建设有个性的品牌化城市。

四、提高城市识别性，增强城市竞争力

城市品牌设计为人们留下了深刻的识别印象，体现了鲜明的城市个性，从而使人们了解城市的发展理念。这种区别于其他城市的个性化特征，有助于城市在竞争中赢得巨大优势。城市的自然环境各有不同，因此要结合城市的自然资源及自然环境发展，使城市更具地域性特征。在品牌形象设计中，要不断更新城市的品牌形象设计，不断更新设计观念，使城市品牌设计处于长久的新鲜状态。同时，加大行为识别系统的宣传力度，运用城市各行业的领导作用发挥城市品牌形象效应。要敢于创新，同时也需要处理好传统文化与现代思想的辩证关系，不能一味地追求潮流趋势，要适时和城市文化历史相结合，增强城市的品牌个性。

在城市的公共建设上，要注重城市道路、形象雕塑、路灯、标志、路牌、户外广告、广场等公共建设的协调统一关系，避免杂乱无章的形象设计。道路是城市流通的血脉，不仅要考虑其通达能力，也要考虑其美学功能。从区位、环境、外观、色彩等方面出发，建设有统一形象设计的道路设施。街头巷尾是城市最具文化特色的地方，因此在品牌形象设计时要注重细节，进行统一的视觉识别设计。

城市的文化与城市品牌竞争是城市间竞争的主要方面。若想在城市

竞争中脱颖而出，就需要塑造民族性、个性化的品牌城市形象，增强城市之间的文化交流。在当今时代下，提炼具有民族化、地域化及个性化的城市特征，已经成为现代化城市建设迫切关注的焦点。

第三节 城市品牌设计的管理与实施

一、城市品牌设计的管理

城市形象系统设计综合反映一个城市的过去与现在，也预见着未来，城市形象在公众心目中从疏离到稳定是一个长期的过程。对城市而言，塑造良好的城市形象系统也涉及多方面、多层次，是一个日积月累持续的过程，相当持久的实践和进行长期的投资，方可收到效果。

基于系统的整体化与规范化的基础，城市形象系统设计不仅需要定位、构建与设计，更需要强有力的管理与长效控制。城市形象系统设计具有很强的外部性特征，一经导入，就需要管理与长效控制。若是只投入不管理，城市形象系统塑造的成果就难以保持，形象投入也不可能产生预期的综合效益。同时，需要制定城市形象系统管理的决策目标。创建文明城市、山水城市、环保示范城市、优秀旅游城市、生活品质城市、绿色交通示范城市，以及人居环境奖等，这些都是城市管理的目标。每个不同阶段，也要有阶段性的管理目标。城市形象管理工作的日常性、反复性、动态性都比较强，及时解决工作中出现的问题。

城市品牌设计管理的具体方法如下：

（1）建立科学的城市形象管理体制，以制度保障，分层管理，包括相应的城市形象管理工作标准、城市形象硬件设施养护标准、有关的指标和定额等。提高城市形象管理行为的质量和水平，使城市管理工作由突击型向经常型、由被动型向主动型方向转变，确保工作质量和成效。

（2）实施城市形象系统管理认证，建立城市形象的评价指标系统，实现城市形象管理工作科学化、制度化和规范化，严格规范，保护监督。建立城市形象的评价指标体系相当重要，但也存在着困难，需要依靠专家的知识、智慧、审美、经验和价值观等，把专家的评价结果汇集并进行统计分析，形成指标体系的构建。城市形象系统的管理，特别是城市标志、宣传口号等的视觉识别基础要素，应该严格遵循专业规范，并且予以注册保护和检测管理。

（3）目标一致，任务细化，分层管理。城市形象系统设计全程式管理包含城市形象系统设计应用规范管理和城市形象系统设计运作管理两大部分。要尽可能细化到具体的执行层面，才可能建立战略和战术的有机关联，同时也有利于形象管理绩效评估和控制。

怎样是好的城市形象系统设计管理呢？每个城市都要结合实际，明确当前和今后一个时期的城市形象系统全程式管理工作的总体目标和阶段性目标，以衡量各项工作的开展情况。要加强对管理工作的领导，城市形象系统管理的监督和监管执行责任部门要发挥主力军作用，积极策划，出好主意、当好参谋。发挥协调调度作用，并加强对城市形象系统传播者的全面教育，关注城市形象系统传播中的宣传策略，科学开展城市形象系统传播的效果评估。城市形象系统设计的管理是城市形象可持续发展的保证。[1]

二、城市品牌设计的实施

城市品牌形象战略传播是必然选择。城市品牌形象的理念识别定位和行为识别制定之后，城市营销与传播设计就是战略实施的关键，这就意味着无论城市品牌塑造得多么成功，没有付诸实际的行为传播，就是纸上谈兵，只有通过有效的传播才能使城市品牌形象产生价值。信息传播分别是由三大部分构成：信息、传播者和接受者。当确定了营销中的传播信息后，让传播者把信息完整地传播给接受者，将是整合营销策略中的具体实施策略。

---

[1] 石章强. 城市品牌顶层设计［M］. 北京：机械工业出版社，2021.

城市品牌形象推广中面对目标信息的接受者，只通过报纸杂志或者突发奇想的短期活动来了解城市品牌形象识别系统对城市品牌形象的传播是无效的。为了让信息接收者善意地、客观地接收城市品牌形象的传播信息，就要考虑信息控制和传递等多种城市品牌形象的传播设计问题。城市品牌形象是由庞大而复杂的元素形成的，传播的信息要综合政府、企业、市民都具有的相同信息特征，而这是相对困难的，并且传播途径是多种多样的，这也很难保证传播的信息的真实性和客观性。所以，面对城市有限的品牌形象传播能力，以及外界对城市丰富的文化内涵和活力的生活动态的某一理解等，种种城市品牌形象识别系统传播中的矛盾与困难，提示我们对城市品牌形象识别系统战略的实施都要考虑现实存在的矛盾和困难，将矛盾和困难运用辩证的思维进行战略思考，好好利用战略传播，使其展示更大的运作空间。

品牌与视觉识别系统的统一实施战略。城市品牌形象作为一项综合性的战略方针，其品牌形象的实施需要整合一切相关的渠道、有效的传播形式，统一品牌信息与视觉传递途径，使传播的品牌效应规范化、清晰化。在城市品牌形象识别系统中，统一与规范视觉识别系统是整合传播实施战略中最基本的部分，首先是完善视觉识别系统的规范，其次是组建专业的识别系统管理团队，涉及统一规范，管理视觉识别系统的应用、监督与实施。

运用不同的战略传播渠道实施。战略实施运用多样化、多途径和多层次的传播渠道，使城市品牌形象的推广效应达到最大化。通过不同渠道发挥作用的形式和特点，可以归纳出以下几种战略传播渠道。

（一）活动形式

城市可以通过独立举办、委托办理、联合协作等多种方式举行各类活动。直接创造公众互动接触的机会，增强公众对城市文化的了解和认知度。其中活动形式可以是城市标志、口号的征集与推广，城市论坛与会议的举办、巡回路演、名人娱乐演出、艺术展览、旅游产业推广等。每隔一段时间举办几项具有特别意义的活动，达到品牌形象推广的最大化。具体活动策划可以分为以下几种类型：

（1）综合活动：征集与比赛、招待会、媒体宣传与采访、演讲、大型文艺演出等与城市品牌形象宣传相关的行为识别系统等活动。

（2）旅游推广：制订有针对性的重点区域为主的活动计划和主题，举办旅游展会、旅游宣传、旅游商演，开发合理的旅游路线并积极参与国际旅游活动展和旅游博览会的推广。

（3）节庆日推广：利用城市特有的文化节庆活动、民族节日等举办城市特殊活动实施战略。

（4）城市品牌形象论坛：以展览、研讨会、经贸合作、主题演出等形式举办城市品牌形象论坛，对外宣传和推广城市品牌形象。

（5）网络宣传：建立网络平台，进行商务、文化、生活等的宣传。

（二）公关协作

借用公益、商业活动等平台，与城市品牌形象达成共识，广泛推广传播。首先是国际论坛、旅游节、时装节、特殊行业博览会、各种赛事等大型活动平台；其次是文艺、科技、学术、教育、体育等名人采访及宣传的知名人士平台；最后是商务协作、商务旅行记宣传等平台进行城市品牌形象识别系统的宣传实施战略。

（三）媒介运用

媒体的广告宣传和投放、新闻报道和专栏采访是对城市品牌形象宣传的最直接有效的实施战略。发挥电视台、广播电台、杂志报纸、网络等媒体宣传优势，播放城市品牌形象宣传片。在主流的城市报刊中设置专栏，定期发布城市品牌形象信息。在旅游、学术、论坛、招商等网络之间建立连接，进行互动的、多样的战略宣传。在公共环境中进行城市品牌形象识别系统设计的展示及宣传。如 LED 广告、广告位、公共汽车、城市公共小品、灯箱广告、车载广告、户外高架广告牌等。

（四）宣传品制作

可以运用城市品牌形象识别系统设计中的元素，附加在各种媒介载体中进行宣传。如纪念品、特色产品、服饰、书籍等。在城市品牌形象识别系统实施中会出现多元、无序的冲突困难，为了克服这些困难，在城市品牌形象识别系统中就应该注意战略实施中的几点事项：

(1) 注意城市品牌形象识别系统设计宣传活动的系统性。城市品牌形象的构成和形象传播都是完整的系统体系，所以在战略实施中要考虑城市品牌形象中涉及的各种要素之间的关联性，城市品牌形象识别系统与宣传行为保持强化主题之间的相符性和系统性。[1]

(2) 注意城市品牌形象识别系统设计与实施内容的统一性。当确立了城市品牌形象识别系统的设计主题时，应当考虑品牌形象实施过程中可能出现的或者存在的不协调、不同步的因素。必须整合识别系统的信息内容与实施战略的方式和工具相统一。

(3) 注意战略实施过程的统一性。由于城市品牌形象的塑造是长时间的战略计划，而在实施过程中就要考虑到传承性的长期规划和交替性的短期操作的统一。注意战略实施过程中整体规划和单体项目的统一。

(4) 注意战略实施过程的连续性。城市品牌形象的传播过程是多种多样的，战略实施过程中的媒介与载体要相互呼应，在空间上实现活动主题的全方位连续宣传，在时间上实现活动主题的阶段性连接，保持时间的稳定性。

(5) 注意战略实施过程的导向性明确。在城市品牌形象战略实施过程中要注意明确城市品牌形象的定位及理念，朝着计划一步一步地向前发展，不能在实施过程中遇到困难就想着"另辟蹊径"，而使城市品牌形象的主题定位、城市口号、广告诉求、形象设计出现混乱状态，要明确实施的导向性，坚定不移地进行城市品牌形象宣传。

---

[1] 刘仁. 城市品牌视觉形象设计研究 [M]. 西安：世界图书出版西安有限公司，2018.

第六章　地方特色旅游节庆品牌的构建

第一节　旅游节庆品牌概述

一、旅游节庆品牌的内涵

各行各业都在追求品牌价值，旅游节庆也不例外，品牌价值和效益是每一个旅游节庆举办者所向往的。节庆效应得到充分的发挥，真正为举办地带来经济、社会、文化等方面的预期收益，特别是发展成为地区的标志性节庆，从而成为地方的"代名词"，是节庆举办者所追求的主要目标。上海旅游节、青岛国际啤酒节的目的都是要打造世界一流节庆品牌，西双版纳泼水节要打造独具特色的民族节庆品牌，嵩山国际少林武术节要打造世界一流的武术盛会等，国内节庆品牌铸造的意识日趋增强。

那么什么是旅游节庆品牌呢？从品牌内涵出发并结合旅游节庆的特点可知，旅游节庆品牌是节庆举办者向所有节庆参与者所展示的、用来帮助旅游者识别某一节庆产品的名词、词句、符号、设计，或是它们的组合。一般来说，一个旅游节庆品牌应该包括节庆名称、节庆标志和商标等三个组成部分。它主要反映消费者对节庆活动的感知和体验。它不仅包括物质的体验，更包括精神的体验，它向活动参与者提供一种生活方式。一个节庆品牌最持久的含义是它的价值、文化和个性，它们决定了节庆品牌个性的基础。这种感知和体验对于同类节庆不同地域节庆产品的使用是有区别的，青岛国际啤酒节和沈阳国际啤酒节同样是啤酒节，但是对于消费者的感知是截然不同的。

根据影响范围和消费者的认可程度，可以把节庆品牌分为国际品牌、区域品牌和地方品牌。不管什么级别的节庆品牌，首先它应该具有一定的规模，得到本地人和节庆旅游者的认可。其次，它应该具有持续发展的能力。区域内具有一定规模、能代表区域内节庆发展动态，能反映节庆发展趋势，并能对节庆产业有指导意义并具有较强发展潜力和影响力的旅游节庆都是节庆品牌。对于品牌来讲，不管感知力如何，都有一定数量消费者的忠诚。正是这种效应吸引游客参与节庆活动，使之能够引导区域经济、特别是旅游经济的飞速发展，以此更进一步铸就品牌的知名度和消费者忠诚度，促使节庆品牌向节庆名牌发展。

由于旅游节庆品牌特殊的经济、社会、文化效益的存在，各节庆举办地都希望铸造有一定影响力的节庆品牌。但是，节庆品牌的铸造并不是很容易的事情，即便是地方性的节庆品牌也需要经过由普通节庆活动向节庆品牌转换的过程。这种过程主要体现在节庆举办者通过节庆活动的丰富性、系列化、文化特色等来扩大节庆影响力以及赢得节庆旅游者忠诚。

节庆品牌的塑造一般从节庆活动中的每一项活动水准和质量做起，旅游节庆通过节庆活动展示地方特色文化和针对节庆旅游者的消费心理设计活动项目，从而使节庆旅游者在活动当中真正地体会到旅游的魅力，增加对节庆的感应度和忠诚度，而不至于产生"一次足矣"的失望的感叹。但是，仅有高质量的节庆活动，而没有一流服务质量也是不行的。有时候节庆过程中的服务质量可以起到决定性的作用，诸如到餐馆就餐一样，有时候宁愿选择饭菜质量一般而服务态度较好的餐馆，也不会选择由于服务态度不好而影响心情的餐馆。节庆活动也一样，节庆旅游本身就是一种休闲的体验，这种体验就是追求一流的服务。一流的产品加上一流的服务对于节庆品牌的打造具有绝对的优越性，当然并不是说这就是节庆品牌，品牌需要有一定的知名度和影响力。产品和服务要和旅游者的消费联系起来，而把关于节庆的好信息传达给旅游者，就是节庆营销。节庆营销是指在节庆期间，利用消费者的节庆消费心理，综合运用广告、公演、现场售卖等营销手段所进行的产品、品牌的推介活动，旨在提高产品的销售力，提升品牌形象。

一流的产品质量、一流的服务质量，加上一流的宣传效果，旅游节庆品牌整体形象才有可能树立起来，才能够成为区域的代名词，从而向更高级别的品牌跨越。而一流的产品和服务质量还有一流的宣传，都要时刻具有动态的意识，随着举办者的节庆目标和外界环境的改变，进行适当的调整，从而使品牌向更高级别跨越。当然，节庆精品有别于节庆品牌。节庆精品只能说明节庆活动暂时举办得比较好，而节庆品牌却具有长久性和持续性，它是建立在节庆活动系列化的基础之上的。定期举办的节庆活动每一届都既有稳定的核心主题，又有紧跟时代潮流的主题变换；每一届都有新的高潮出现，为节庆的持续发展奠定基础。[①] 旅游节庆品牌塑造是一个长期的系统化过程，涉及当地传统、文化底蕴、市场营销、形象塑造等各个方面。因此，节庆品牌的塑造是不可能一蹴而就的。西班牙斗牛节、巴西狂欢节等世界上知名的节庆，无不拥有上百年乃至几百年的发展历史。所以说，节庆的品牌化是一个长期的系统化过程，靠"炒作"办起来的节庆最多只是"热闹热闹眼睛"，试图通过"策划"在短时间"打造"一个知名的节庆品牌是不现实的。

二、旅游节庆品牌的名称和标志

（一）旅游节庆品牌的名称

旅游节庆品牌名称是指节庆品牌中可以用语言来表达的部分。与一般商品、企业品牌的名称不同，商品、企业品牌名称只是一个代号，品牌名称和产品名称一般不会相同，品牌名称中不体现具体销售什么产品或者是什么性质的企业。例如索尼、联想、海尔、双汇等。即使这样，提及这些品牌，消费者马上就可以联想到相关产品及企业品质。而节庆品牌的名称和节庆名称是相同的，并且都会显示节庆举办地的名称，例

---

① 张娇，吴小根，钟思琪. 基于城市意象的旅游节庆品牌认知研究［J］. 地域研究与开发，2016.

如巴西狂欢节、威尼斯狂欢节、阿根廷狂欢节等。节庆品牌名称和节庆名称的高度一致性和节庆品牌本身不可转移的特性密切相关。一般商品的品牌可以在世界范围内转移和延伸，节庆品牌却不能。慕尼黑啤酒节转移到青岛举办是不现实的，青岛啤酒节和慕尼黑啤酒节所反映的文化有显著的区别。同样，国内近年来各地举办的狂欢节与巴西狂欢节的文化内涵是截然不同的。节庆只有品牌内容的充实和品牌级别的飞跃。

节庆品牌的命名一般是节庆举办地名称（国家、城市或地区）加上特色产品类别（区域自然、人文、历史、文化等方面的突出特色），再加上节庆活动的类别（旅游节、文化节、艺术节、电影节、狂欢节）所组成。例如重庆三峡国际旅游节。也有取消中间项，直接地名加上节庆类别的，例如苏州国际旅游节、巴西狂欢节等。

节庆品牌的名称从另一方面也反映了节庆主题的定位、节庆市场细分和营销宣传对象。例如上海国际艺术节是我国大型的旅游节庆，从品牌名称中可以获得的信息有：其一，节庆举办地在上海。我国几乎所有的节庆名称中都包含了节庆举办地，这正是旅游节庆作为区域和城市营销"名片"的一种反映。其二，节庆的性质属于艺术节。它不是摄影节、美食节、武术节，而是以艺术展现为宗旨的大型节庆；凡是属于艺术的范畴都可以在节庆活动中展现，其中也可能包含武术艺术、摄影艺术。其三，属于国际节庆。节庆活动的规模和影响力都比较大，节庆市场的范围超越了国家的界限。从历年举办状况来看，上海国际艺术节的国际影响力在逐步增强，来自英、美、西班牙、巴西等国的表演团体和参展团体都可以在艺术节上出现，参加节庆活动的国际旅游者更多。国际化是上海国际艺术节打造中国顶尖国际艺术节品牌的发展方向。类似的还有北京国际旅游节、武汉国际旅游节等都是综合性的旅游节庆品牌。

旅游节庆品牌在命名的过程中应该坚持的原则如下：

1. 特色突出原则

旅游节庆的核心要素就是要表现区域特色，所以节庆的命名就要体现这种特色，在节庆营销时就是要把这种特色的牌子打出去。不管是综合性的旅游节庆还是专题性的旅游节庆，对外宣传的时候总要突出自己与众不同的地方。例如：浏阳国际花炮节，宣传上着重突出"花炮之乡"；而南岳衡山寿文化节营销中主要在"寿"字上下功夫。其实好的节庆品牌名称其实本身就是一种营销的方式。例如"武汉国际旅游节"就不如改成"武汉长江荆楚文化旅游节"，虽然活动的内容和主题差别不大，外地游客的感知却大不相同。从"武汉国际旅游节"中最多能感知到旅游节举办地在武汉，但是"武汉长江荆楚文化旅游节"能够鲜明地呈现出节庆是以长江景观和荆楚文化为核心的。

2. 差异性原则

节庆的命名并不一定就是要把节庆活动的举办地放在首位，也可以根据市场的需要，采用节庆消费者理解的差异性进行命名，也会产生独特的魅力，起到很好的效果。例如四川成都的南国冰雪节、山东聊城的江北水城文化旅游节等，就是利用这种旅游者消费的反差命名的。但是这种节庆品牌命名的不足之处就是不能够很好地营销举办地的形象。如江北水城文化旅游节，如果不提聊城的话，知道举办地的人并不多。

3. 通俗易懂原则

节庆名称的选取，首先要注意语言艺术。听起来简单又易于理解和记忆，并且有一定的震撼力，让人产生愉悦的心理。说起来朗朗上口，不管是中文还是英文都容易发音，不存在绕口、发音困难的现象。在用词上要考虑与时代接轨，富有时代感；拼写上注意简洁，既体现个性又易于传播。

4. 慎用"国际"原则

目前，国内很多的节庆活动动辄就用"国际"二字冠名，好像只有这样才可以显示出节庆的档次。这是没有进行市场分析和品牌定位的结果。品牌定位，就是为自己的品牌在市场上树立一个明确的有别于竞争对手的符合消费者需要的形象，以较高的知名度、美誉度和忠诚度使产品受到消费者青睐，为开拓目标市场做好重要的铺垫。品牌定位须到位，避免失位、越位、错位。但是国内很多地方节庆品牌盲目夸大攀升，误导旅游者，为显示自己是国际节庆品牌打肿脸充胖子，节庆活动根本达不到应有的效果。所以滥用"国际"的节庆名称不可取。一些旅游节庆目标市场是当地旅游者，就要有一个当地人最熟悉的、突出当地特色的、最容易产生联想的好名称，正确地进行品牌定位。

（二）旅游节庆品牌的标志

品牌标志是品牌中用符号、图案、颜色等视觉方式来表达的部分。商品、企业品牌都有自己的特色标志，而且标志被消费者所熟知之后，就很少再改动。品牌标志是产品的象征和企业精神的体现。它对产品营销具有巨大的推动作用，能够很好建立起产品和消费者之间的忠诚关系。旅游企业和产品也是如此，不管是饭店、旅行社，还是旅游区，都要设计出自己独具个性的、能够代表企业或者产品特色的旅游标志。标志是对外宣传的形象载体，标志的设计要简洁明了而又有特色，不易产生误解而又能让旅游者记忆深刻。

节庆品牌标志包括所有出现在节庆活动有关物品上的文字、颜色和图案设计等，如名称、会徽、吉祥物、会歌、主题词、口号等。节庆要充分利用品牌标志的作用，扩大自己的影响力和知名度，增加节庆品牌在节庆旅游者心目中的认同感。纵观国内外旅游节庆的发展现状，节庆组织者都意识到了节庆标志的重要性。

（三）旅游节庆品牌的商标

市场化运作下的旅游节庆品牌，有产品、有标志，相应的就应该有自己专用的商标。所谓商标就是一种显著的标记，它能将不同企业生产的产品或提供的服务区别开来。商标是一种可视性标志，包括文字、图形、字母、数字、三维标志和颜色组合，以及上述要素的组合，均可以作为商标申请注册。商标的标识还应具有显著的特征，易于辨认，消费者可以据此把该商标标示的产品或服务同其他商标标示的同类产品或服务区别开来。

三、旅游节庆品牌的运营特征

（一）增值性

毫无疑问，品牌是有价值的，节庆品牌效应的价值是无形的，并且随着节庆影响力的扩大而增强。应该认识到节庆品牌从区域品牌到国家品牌、再到国际品牌的飞跃过程中，其价值体现的是成指数增长的。[①]

（二）排他性

从法律意义上讲，品牌是一种商标，表明了商标注册情况，使用权、所有权和转让权等权属情况。对节庆品牌来说，一旦注册或者申请专利，其他节庆活动就不能使用此标志品牌和类似的品牌名称从事任何商业化的活动，这就是节庆品牌在法律上的排他性。其实节庆品牌的排他性更具有深刻的市场意义。以某项节庆而著称的旅游地会渗入游客心里，从而形成定型的思维模式和节庆旅游者对它的忠诚，这种忠诚一旦形成就很难改变，即使其他节庆地再举办类似的节庆活动，也难以产生更大的影响。例如泼水节，其实并不是只有傣族人有泼水节，也并不是只有西双版纳有泼水节，全国各地有泼水节活动的节庆很多。但是无论哪一个都不能和西双版纳的泼水节相媲美，只要提到泼水节，大多数游客马上就会想到西双版纳泼水节，这就是节庆活动排他性的体现。一个成功的节庆品牌和其市场定位以及文化内涵具有很大的关系，它代表了旅游者对它的整体体验。尤其是节庆品牌具有一定的知名度和影响力以后，这种排他性的体验就更加明显。

（三）情感性

节庆品牌的情感性主要体现在两个方面。一个是节庆活动举办地的民众对节庆的情感，这种情感是建立在节庆品牌能够真正为他们带来好处，并且他们的劳动成果得到尊重的基础之上的。所以节庆品牌的确立首先要满足当地人的需要，使他们意识到节庆的举办给他们带来的不仅

---

① 张娇，吴小根，钟思琪. 基于城市意象的旅游节庆品牌认知研究［J］. 地域研究与开发，2016.

仅是经济利益。对于参与节庆举办的人员和志愿者，要让他们体会到他们的主人翁地位，节庆活动的策划是集体智慧的结晶。另一个是节庆旅游者对旅游节庆的忠诚情感，偶尔参加终生难忘的效应，使之提到节庆活动就会想到曾经的节庆经历。这种经历是节庆旅游者对节庆活动的忠诚，它建立在节庆活动一流的服务质量和丰富多彩的节庆活动之上。它能够满足不同旅游者的需要，并且给他们带来心灵的震撼。

四、旅游节庆品牌的价值与功能

（一）旅游节庆品牌的价值

品牌价值是基于消费者对于某品牌的接受、认可或喜爱，使品牌产生的溢价，把这个溢价通过技术手段折算成货币，就是品牌价值。一般来说，这个溢价是超出行业平均利润率的利润。可以说，品牌价值是超额利润的部分反映。但是，品牌的前提是消费者对于某品牌的接受、认可或喜爱，也就是说，在公平市场中赢得了消费者的心。对于节庆品牌来说，品牌价值是由于旅游者对节庆活动的喜爱而进行的与此相关的所有消费的总和。不仅包括参与节庆活动的消费，包括交通、住宿、商品购买等一切花费，甚至还包括品牌联想的内容。

重点是节庆品牌价值产生于品牌与节庆消费者的关系之中，强劲的特殊的关系使得品牌形成了除节庆活动价值外的其他无形资产价值：让消费者愿意购买一个节庆品牌而支付更多的钱，对恶劣的市场环境产生抵抗力、形成竞争优势，这是品牌最为核心的内涵与功能。

然而，对于节庆品牌价值的来源，却有着不同的看法。许多人认为源于节庆品牌的资产价值或财务价值，即给节庆举办地带来超出节庆活动产品销售的溢价收益，它的变化将直接增加或减少节庆举办地的经济收益。但也有人认为，节庆品牌价值主要源于市场，即节庆参与者对节庆品牌的认可、信赖与忠诚所产生的节庆价值提升。其实，节庆品牌价值的形成是以前者为根基，二者相互作用的结果。

(二) 旅游节庆品牌的功能

1. 成功节庆品牌有利于节庆旅游者建立起消费偏好

在节庆市场中，不同主体所提供的产品必然存在某种差别，旅游者对这些差别喜好程度往往是不同的。在没有品牌引导的情况下，旅游者很难将旅游产品区别开来，也就无法有目的地进行消费。例如：全国各地大型啤酒节就有十几处，小型的啤酒节更是不计其数，但是提到啤酒节，消费者立刻就会想到青岛国际啤酒节。这就是品牌引导消费偏好作用的体现。消费偏好的建立可以为节庆组织者明确地标示出市场存在的机会，从而更好地满足旅游者的需求。

2. 成功节庆品牌有助于节庆促销手段的实施

成功节庆品牌不但可以帮助旅游者从纷繁复杂的节庆市场中挑选出自己所需要的节庆产品，而且还可以向旅游者传递一定的信息，从而使旅游者对其建立起良好的印象和信誉。从这一角度上讲，成功节庆品牌也是旅游营销主体参与市场竞争的一种重要手段。

3. 成功节庆品牌有助于加强节庆主体的自我监督，从而有利于提高节庆质量

品牌可以帮助旅游者将各种节庆区分开来，在这个过程中，旅游者不但了解了知名节庆品牌，还记住了一般的或者不好的节庆品牌。任何节庆主体，一旦建立起自己的节庆品牌，就等于把自己完全展示在旅游者面前。在激烈的市场竞争中，只有高质量的旅游节庆才能得到消费者的青睐，这样就促使节庆主体自发地进行自我监督，努力提高节庆档次和质量。

五、旅游节庆品牌的效应

旅游节庆本身就对举办地具有显著的经济、社会文化、环境科技的效应，而旅游节庆品牌即成功旅游节庆的效应则表现得更为突出。

(一) 形象拉动效应

在世界城市空心化的巨大压力下，城市向何处去，成为一大影响世

界城市乃至全球经济社会发展的严峻挑战。研究和推进世界城市的进一步繁荣与发展，这是一项迫在眉睫的战略课题，同时也是一项光荣而艰巨的历史使命。世界城市能否建立起自己的对话与协商机制，从而抓住经济全球化带来的机遇，促进世界城市战胜困难、持续发展，必须有一个良好的载体。而大型节庆、会展活动的成功举办，将吸引大批知名企业、商界巨子、学术精英和游客。通过节庆、会展的举办，为城市之间、城乡之间以及各国之间提供了一个相互了解、促进合作的平台。当前，世界城市经济社会发展面临的诸多重大问题，都可以通过节庆、会展平台来寻求最佳解决对策。无疑，在有条件的城市举办大型节庆、会展已得到世界各国的普遍重视。作为成功节庆、会展的举办地，必将在全世界树立起崇高的地位和权威的国际新形象。可以预言，拥有强势节庆、会展品牌的国际化城市，将成为世人的向往。

（二）开放拉动效应

经济全球化、社会信息化的浪潮汹涌澎湃，知识经济时代、注意力经济时代扑面而来。在此背景下，注意力成为知识经济时代稀缺的资源、信息化社会的无形资产和市场经济宝贵的资本。世界经济乃至世界城市的竞争，正在演变为争夺眼球、争夺注意力的竞争。而大型节庆、会展活动的举办，必将引起全球的瞩目。

（三）会展拉动效应

会展经济已成为世界经济新的增长点，世界许多发达城市已步入后会展经济时代。会展业的发展水平已成为衡量世界城市发达程度的重要标志，会展业的竞争力已成为世界城市的核心竞争力。节庆、会展经济作为会展经济高度升级的产物，正在成为后会展业时代世界城市发展的新宠。

（四）旅游拉动效应

旅游业是当今世界第一大产业，大力发展旅游产业已是世界各国的共识。举目环顾世界名城无一不是旅游名城。而强势节庆、会展品牌的打造，带来的永久效应便是旅游朝阳产业的蓬勃发展。山区小镇达沃斯早已被世界经济论坛打造成世界知名的滑雪旅游度假区,博鳌小岛也正在成为名扬天下的海滨休闲旅游胜地。作为现代旅游产业发展的重要载体和依托的城市,其所拥有的旅游资源是十分丰富的,也是独具魅力的。大型节庆、会展活动特别是国际性活动的成功举办,在世界瞩目和关注之下,伴随世界各路精英聚会城市,前来城市旅游休闲的国内外游客必将成倍增长,城市旅游业将实现空前的繁荣,无论其增长速度和发展水平将远远超出其现有发展水平,一些具备条件的国际性城市不但将成为中国旅游的明珠,也将因此而成为世界旅游的明珠。

(五)投资拉动效应

大型节庆、会展活动的举办,既是大脑智慧的聚会,又是信息交流的聚会,还是财富资本的聚会。达沃斯、博鳌论坛充分证明,国际性论坛能产生巨大的投资拉动效应。

(六)文化拉动效应

从消费的角度分析,当今及未来经济是休闲经济、体验经济和娱乐经济时代。节庆经济各大拉动效应的相关作用,将极大地促进和带动文化娱乐产业的发展。世界发达城市传媒巨子、文化名流先进的经营理念、营销手段、竞争策略、技术设备等,伴随城市节庆活动的举办,都将汇聚举办城市。从而促进城市文化产业包括广播电视、新闻出版等发展水平较高的诸多产业实现与国际水平的对接。由于上述因素的作用,成功的节庆品牌将给城市的文化产业带来新的春天。

(七)品牌拉动效应

经营城市,打造品牌,加快培育城市的核心竞争力,已经成为世界城市之间相互竞争和促进发展的战略举措。节庆品牌的打造,通过城市之间的互相交流和学习,全新的经营城市理念和城市营销战略与策略将在世界城市之间广为传播。大型节庆活动的举办地,是城市信息交流的焦点和中心,无疑是近水楼台先得月,受益最早、得益最多、触动最大、提升最快。特别是通过主流媒体的多次传播,举办地城市品牌形象也将传播最广,影响最为久远。

总之，无论从城市品牌的经营、管理、提升还是传播，大型节庆活动对城市品牌的整体提升都将实现历史性的跨越与质的飞跃。

(八) 综合拉动效应

强势节庆品牌的打造，对举办地的拉动效应是全方位、持续性的，相互作用、交替放大、整体提升。例如对学术研究及教育事业的拉动，对通信及信息产业的拉动，对航空及交通建设的拉动，对体制改革及制度创新的拉动，对市民素质及服务水平的拉动，对文化生活及精神需求的拉动，等等。总之，打造强势节庆品牌，将极大地提升城市经营，推进和带动整个城市的物质文明、精神文明和政治文明建设。

第二节 旅游节庆品牌定位理论

一、旅游节庆品牌定位概述

(一) 旅游节庆品牌定位的概念

定位是针对现有的产品的创造性思维活动，它不是对产品采取什么行动，而是主要针对潜在顾客的心理采取行动，是要将产品定位在顾客的心中。

旅游节庆品牌定位是建立一个与目标市场（目标潜在游客）有关的节庆品牌形象的塑造过程和其所展露的品牌形象的结果，亦即为某个特定旅游节庆品牌确定一个适当的市场位置，使旅游节庆产品在游客和潜在游客的心目中占领一个有利的位置，当节庆旅游心理需求一旦产生时，人们就会先想到某一旅游节庆产品。例如，在举国上下欢度新春佳节之际，出于参与新春游园会或者参加集体节庆旅游的需要，广东的居民自然就会想到"广州新春游园会"；而北方的居民就会立即联想到参加游玩"哈尔滨冰雕艺术节"。其缘由除了这些节庆的周详安排和精心策划，以及为这些节庆所准备的欢庆项目能提升节日的浓郁气氛外，还有节庆的独特标志设计等。这些旅游节庆都以其独特的品牌形象在游客心目中留下了深刻的印象,使旅游者理解和认识了其区别于其他旅游节庆品牌的特征。这里需要指出的是,人们对旅游节庆的品牌认知和理解来源于多种渠道的综合——报纸、杂志、网络(新闻报道或广告营业促销)等,并且这些认知和理解是平时的无意识心理指向活动或旅游节庆动机产生之后的有意识的心理指向活动。

(二)旅游节庆品牌定位的意义

1. 是节庆企业向游客及潜在游客传达信息的捷径

现代社会是信息社会,各种消息、资料、新闻、广告铺天盖地。信息充斥着我们生活的角角落落,人们被目不暇接的信息"围困"。如此多的媒体,如此多的产品,如此多的信息,消费者无所适从是必然的,这也使得企业的许多促销得不到理想的效果。

在这个信息过量的时代,企业只有压缩信息,实时定位,为自己的产品塑造一个最能打动潜在顾客心理的形象,才是明智的选择。旅游节庆品牌定位使潜在顾客能够对该品牌产生正确的认识,进而产生品牌偏好和"购买"行动,它是旅游节庆主办方信息成功通向潜在顾客心智的一条捷径。

2. 是节庆企业明晰近期和中远期品牌塑造和产品开发目标的蓝本

旅游节庆品牌定位是节庆主办方战略目标的重要组成部分,其一旦制定,主办方就会有明确的发展目标。旅游节庆主办方的领导者根据节庆品牌目前的成熟程度,自上而下地制定短期和中长期战略目标,即品牌塑造的目标和计划日程表。比如,把一些地方特色的花卉节推向市场,地方政府或授权的节庆主办者就会首先立足地方市场,再瞄准国内市场,最后再推向国际市场。这是一个循序渐进的品牌塑造过程,是旅游节庆逐渐成长壮大的品牌策略。

(三)旅游节庆品牌定位的理论基础

旅游节庆品牌定位,是建立品牌形象和积淀品牌价值的行为,是建立一个与目标市场相契合的品牌形象。即旅游节庆主办方通过复杂的智力和物质表现过程，竭尽其能地创造出迎合旅游者心理和活动需求的品牌形象。所以，旅游节庆品牌定位的理论基础对找到准确的品牌地位起着至关重要的作用。即旅游节庆品牌定位的提出和应用是有其理论根基的。①

1. 旅游者心智倾向理论

旅游者一般只愿了解、观看或参与他们所喜欢的节庆，对于不喜欢的事物和活动往往置之不理或不屑一顾。理由非常简单，如今的时代，娱乐活动形式异彩纷呈，旅游者可以根据个人偏好自由任意地选择闲暇时间的娱乐休闲活动方式，选择空间的自由度和广域度远非前信息社会可比。因此，一个定位准确的旅游节庆品牌能引导旅游者获得美好的、愉悦的精神体会。反之，一个无名的、形象拙劣的旅游节庆品牌，旅游者往往凭借主观臆断，认为这样的旅游节庆没有任何参与的必要性。与其他商业产品一样，广告之所以是旅游节庆促销的强有力武器，就在于它不断向潜在游客传达其所期望的认知和好奇。

旅游者的心智活动具有明显的倾向性，其一旦形成便强有力地左右着游客的行为。旅游节庆主办方应能准确地把脉游客的心智倾向或者进行顺向的疏引。

2. 旅游者偏好结构理论

根据旅游群体的结构（包括年龄、性别、受教育程度、地域文化背景等）划分，旅游者易于形成特定的范式旅游习惯。旅游习惯具有惯性，其一旦形成一般难以改变。旅游节庆品牌定位有利于培养旅游者的旅游习惯，提高游客参与活动的忠诚度和追随度。

3. 旅游者信息存量限度理论

在这个信息超量的时代，产品种类多到前所未有的地步。然而人们的记忆是有限的，很少有人能准确列出同类商品 7 个以上的品牌，人们往往能记住的是市场上的"第一、第二"，在购买时首先想到的也往往

---

① 施爱芹. 基于地域特色的节庆旅游文创开发策略 [J]. 社会科学家，2021.

是某些知名品牌。依此类推，旅游节庆品牌也存在同样的情况。例如，说到狂欢节，人们会脱口说出最为有名的巴西狂欢节、意大利狂欢节等；说到冰雕节，人们只能记起哈尔滨冰雕节、加拿大冰雕节等。这正是人们大脑记忆存量有限性的表现。

旅游业的繁荣带来了旅游办节的跟风浪潮，在潮起潮落的节庆市场上，旅游节庆主办者要视潮流而动。面对目不暇接的节庆产品，主办者只有找准品牌地位，才能"捕捉"到真正的旅游群体，旅游节庆才有可能持久地生存、发展下去。

（四）旅游节庆品牌定位是市场营销发展的必然产物

任何旅游节庆企业都不可能为市场上的所有游客提供所有产品或服务，而只能根据自己的具体情况选择具有优势的细分市场（目标游客），否则，就会处处被动，处于尴尬的境地。旅游节庆品牌定位作为市场定位的核心，就是帮助旅游节庆主办方确定最有吸引力的、可以提供有效的旅游节庆产品和服务的目标。

市场营销的发展大体上经历了四个阶段，即大众市场时代、区隔市场时代、区分区隔时代和大行销时代。大行销时代的特点表现为顾客的需要是价格、特性及应用导向。所以，有理由认为旅游节庆主办方应致力于开发各种各样的旅游节庆产品，主张针对市场的特性采取不同的营销组合，提供更符合游客需要的旅游节庆产品和服务。旅游节庆营销要致力于产品或服务的差异化，即要进行精准的旅游节庆品牌定位。旅游节庆产品或服务的差异化并不仅仅指功能方面的差异化，也包括旅游节庆产品文化附加值方面的差异化。这两方面正是旅游节庆品牌定位的依据。

二、旅游节庆品牌定位基础

给旅游节庆品牌定位是为了在旅游节庆市场差异化和产品差异化的基础上，进一步创造旅游节庆品牌差异化，以增强旅游节庆产品的竞争能力。因此，旅游节庆品牌定位是以节庆市场和产品定位为基础，创立不同于一般旅游节庆活动的品牌产品,为旅游节庆品牌主办者带来持续、丰厚的利润回报,给普通旅游者带来丰富多彩的、健康向上的精神文化大餐。

(一)旅游节庆市场定位和旅游节庆产品定位

旅游节庆市场定位是节庆主办方对目标旅游者(亦即目标旅游市场)的选择。简单地说,旅游节庆市场定位可以理解为把节庆旅游产品"卖"给什么样的旅游者的定位问题。其内容一般包括总体市场分析、竞争对手分析、市场细分、目标市场选择以及进入目标市场的策略等。就一般情况而言,市场定位的区域越广越好,可以使旅游节庆活动在外表层面上获得万民同乐、普天同庆的"人气效果";在内在实质上又可获得可观的经济效益。但事实是,市场定位的游客越是大众化,其经济收益越不一定与参与人数成正相关。原因是大众化的节庆活动,一般是作为普通百姓日常生活的一个有机的组成部分(譬如传统的节日庆典),参与这样的节庆对于一般百姓来说没有真正的旅游的内涵在里面,旅游消费有限,所以也就无所谓多大的经济收益可言。因此,旅游节庆市场定位的作用不可低估,一方面要保证旅游节庆活动的热烈或者人气,另一方面又要为获得相应的经济、社会利益而筹划。

旅游节庆产品定位是在完成市场定位的基础上,旅游节庆主办方对用什么样的节庆产品来满足目标旅游者或目标旅游市场的需求的定位。旅游产品定位更多的是对"生产"什么产品来"卖"给目标旅游者这一问题的定位,它以人为定位基础,体现以人为本的要求。旅游节庆产品定位是基于卓越的产品质量和独特的产品个性而形成的;旅游节庆产品定位又是以节庆产品为基本的物质载体,随着产品生命周期的发展,在旅游者的心目中的形象也会发生变化,从而产生定位随产品生命周期而变化的一种基本属性。这种属性所表现出的可能是由浅入深"正向"的产品认可,也可能是由深返浅"负向"的产品疏离。所以,旅游节庆产品的定位要细致研究旅游市场的需求,使产品不至于与市场疏离;又要兼顾自身办节的文化源流和社会经济基础,使旅游节庆产品不至于与地域特质背离,而走上"泛节庆化"的平庸局面。

从理论上看,应该先进行旅游节庆市场定位,再进行旅游节庆产品定位。但是在实际市场运作中,也有先完成产品定位,然后才来补做市场定位的。依据本书对现代旅游节庆的定义:旅游节庆是以节庆活动为载体,节庆主办者以营利为目的,兼有传承和弘扬地方优秀文化的社会效益。因此,大多数的现代旅游节庆都有承接传统节庆衣钵的特点。这样的旅游节庆一般是先完成产品的定位,然后再补做市场定位的。旅游节庆产品定位包括类别定位、档次定位、功能定位,以及价格定位等。

旅游节庆产品定位是对节庆市场定位的具体化和落实,以市场定位为基础,受市场定位指导,但比市场定位更深入和细致。一般而言,在完成旅游节庆市场定位和产品定位的基础上,才能较顺利地进行旅游节庆品牌定位。

(二) 旅游节庆品牌定位

旅游节庆市场、节庆产品定位和品牌定位的关系,简单地说,可以概括为是一种存在时间先后但又相互依存、相互包含的关系。由旅游节庆产品创旅游节庆品牌,旅游节庆产品定位是旅游品牌定位的依据,旅游节庆产品定位的成功是旅游节庆品牌定位成功的必要前提;然后,则由旅游节庆品牌推广旅游节庆产品和开拓市场,旅游节庆产品的定位要紧紧依附于已经成功的旅游节庆品牌定位,二者有效结合在一起,共同通过心理和物质价值满足旅游者的需求,创造利润。

旅游节庆品牌定位的基础是节庆市场定位和产品定位,只有在市场和产品定位的基础上才能准确地进行旅游节庆品牌定位,品牌定位才会有的放矢。旅游节庆品牌定位是对特定的品牌在文化取向及个性差异上的商业决策;旅游节庆品牌定位是针对产品品牌的,其核心目标是要打造品牌价值。旅游节庆品牌定位的载体是节庆产品,其受体是旅游节庆市场,因此必然已经包含产品和市场定位于其中。旅游节庆品牌定位较之旅游节庆产品定位,不具有市场生命周期的特征,它比产品更重要。这里强调的是以旅游节庆品牌推广旅游节庆产品,开拓旅游节庆市场。

旅游节庆品牌定位是和细分市场的研究紧密联系在一起的。品牌可以基于产品功能、价格、外观、创新、情感、服务等不同的方面来进行定位。所以，旅游节庆品牌定位包括对目标旅游者的文化特征、需求心理的分析，品牌概念的提出、品牌价值的提炼、品牌个性的确定，以及与此相对应的品牌商标、设计等。

三、旅游节庆品牌定位策略

对于旅游节庆品牌所有者来说，运用品牌定位策略的目的是建立其所期望的、最大限度吸引旅游者的竞争优势。旅游节庆品牌定位的策略有多种。基于对市场行情变化的认识，概括起来，常用的、行之有效的旅游节庆品牌定位策略有以下几种：

（一）市场领导者定位策略

市场领导者定位策略即旅游节庆主办者追求旅游节庆品牌成为本行业领导者的品牌定位。在名目繁多的产品品牌形式下（含旅游节庆品牌），人们总是习惯记忆进入大脑的第一品牌，所以在大多数情况下，旅游节庆主办者会尽可能选择这种定位策略。这样的定位策略往往能够比居于第二位的品牌高出很多市场份额。

新的旅游节庆产品具有占据第一的视听宣传基础，好比商标的注册一样，品牌经营者（节庆主办者）不应该放弃这一机会。当旅游节庆市场还没有同类产品或者旅游者还没有清楚地认识该旅游节庆产品时，选择该产品最具优势的形象将之推到旅游者面前，旅游者会感觉耳目一新。

但是，市场领导者定位策略并不是放之四海而皆准的。因为大多数谓之"第一"的旅游节庆品牌都有其客观存在的条件。比如，在我国云南举办少数民族风情节就可以当之无愧地称其为"中国第一"，因为云南是中国少数民族最多的省份，民族风情各异，为举办民族节庆提供了很好的基本条件；而在中国其他地区进行民族风情表演，如自称"第一"，往往会招来旅游者的非议。

（二）市场跟进者定位策略

当一个市场已经有一个人尽皆知的旅游节庆品牌时，其后进入旅游节庆市场的同类或近似旅游节庆产品，如缺乏产品功能上（如节庆的活动形式、活动内容和服务水平等）的差异，即未能给旅游者带来全新的感受，就只能采用跟进者定位策略。

从全国的角度来看，如果某旅游节庆已经占有全国第一的品牌，此后进入旅游节庆的主办者就要在定位策略上采用市场跟进者定位策略。其常用的备选方案有：第一，以市场第二的身份跟进。例如，在全国范围内，某个旅游节庆早已稳占第一，后来者只能以全国第二的身份挤入市场。第二，以区域第一的名义跟进。像华东第一或华东最具魅力某某节、华南第一或华南最有影响某某节等，绕开全国第一的圈圈，此种方法往往可掘取原有节庆市场的部分份额。

采取市场跟进者定位策略要依据自身办节的基础以及地方的文化和社会经济条件，采用后发优势，汲取市场领导者定位策略的经验教训，不断地改进方法、创新产品，增加旅游者的认可度和满意度；不断地占领市场份额，最终在旅游节庆市场占有一席之地，并保持立于不败之地。

（三）市场补缺者定位策略

随着时间的推移，人们的生活水平、文化水平和科技水平的不断进步，旅游节庆市场会不断发生变化，旅游节庆创办的技术水平和创新方法也会日新月异。所以，仔细寻找和研究旅游节庆市场空间，总会有新的机会被发现，亦即总会有空白的旅游节庆市场等待后来者去开发介入。任何一个旅游节庆产品都不可能占领节庆产品的全部市场，也不能拥有同类产品的所有竞争优势。旅游节庆市场中机会的缝隙总是存在的，就看旅游节庆企业是否善于捕捉新的机会。善于寻找和发现市场空当，就可能成为后起之秀。

（四）市场挑战者定位策略

有些旅游节庆活动暂时不能发现空档市场，那就考虑改变竞争者节庆品牌在旅游者心目中现有的形象，找出其弱点，并与自己的节庆品牌对比，从而确定自己为市场第一的市场定位。

在市场上和领导品牌直接对抗需要极大的付出和冒极大的风险，而且常常是不明智的定位观念。旅游节庆品牌定位要想取得成功，不能离开自己品牌所占有的位置，不能忽视竞争性品牌的市场位置。

以上几种定位策略各有优劣之处，旅游节庆经营者在具体运用时应根据情况结合使用，使之相互补充。

四、旅游节庆品牌定位方法和过程

（一）旅游节庆品牌定位的方法

旅游节庆品牌定位是经常向旅游者宣传的那部分品牌识别，目的是有效地建立品牌与竞争者的差异性，在旅游者心中占据一个与众不同的位置。在同类旅游节庆产品越来越同质化的今天，要成功打造一个旅游节庆品牌，品牌定位举足轻重。旅游节庆品牌定位是知识性、技术性较强的策略，离不开渊博的知识和严密的科学思维。下面就介绍几种常见的、行之有效的旅游节庆品牌定位的方法。

1. 功效定位

"消费为了满足"是普遍存在的真理。节庆旅游者"购买"节庆产品亦是如此。旅游节庆产品的功效是使旅游者获得尽可能大的节庆活动参与体验满足，因而节庆主办者向游客诉求产品的满足功效是品牌定位的常见方式。旅游节庆活动往往以普天同乐和百姓狂欢为表现形式，而又寓丰富的知识和身心锻炼于其中。所以其功效定位不但要突出万民同参、万民同乐的定位主旨，还要满足相当多游客希望获得身心愉悦的愿望。

旅游节庆产品是具有专门功效和普遍功效的结合体，定位时是向游客传达单一的功效还是多重功效并没有绝对的定论。由于旅游者能记住的信息是有限的，往往只对某一强烈诉求产生较深的印象，因此，向旅游者承诺一个功效点的单一诉求更能突出节庆品牌的个性，获得成功的定位。如：以挑战自我极限——漂流、越野或登山的旅游节庆活动可以获得年轻人的垂青；而温馨浪漫的蜜月之旅能吸引新婚夫妇参与。

2. 情感定位

该定位是将人类情感中的关怀、牵挂、思念、温暖、怀旧、爱慕等情感内涵融入旅游节庆品牌，使旅游者在参与节庆活动过程中获得这些情感体验，唤起旅游者内心深处的认同和共鸣，最终获得对节庆品牌的喜爱和忠诚。

3. 经营理念定位

经营理念定位就是节庆经营者用自己的具有鲜明特点的经营理念和经营精神作为旅游节庆品牌的定位诉求，体现节庆品牌的内在本质。以普通企业为例：一个企业如果具有正确的企业宗旨、良好的精神面貌和经营哲学，那么，企业采用理念定位策略就容易树立起令公众产生好感的企业形象，借此提高品牌的价值，光大品牌形象。

节庆活动的主体是群众。青岛啤酒节、洛阳牡丹节等一系列国内外知名的大型节会正是因为有了最广大人民群众的热情参与，才变得名扬四海、生机无限。企业做主体，市场来调节，群众唱主角。先进的办节理念和科学的运作机制，有利于节庆经济的做大做强，有利于节庆品牌的成长壮大，更有利于人民群众更广泛地参与文化活动，体验文化娱乐消费，提高生活总体质量。

4. 自我表现定位

该定位通过表现旅游节庆品牌的某种独特形象和内涵，让品牌成为旅游者表达个人价值观、审美情趣、自我个性、生活品位、心理期待的一种载体和媒介，使旅游者获得一种自我满足和自我陶醉的快乐感觉。

5. 首席定位

首席定位即强调节庆品牌在同行业或同类中的领导性、专业性地位。在现今信息爆炸的社会里，旅游者对大多数信息毫无记忆，但对领导性、专业性的品牌印象较为深刻。如山东潍坊风筝节、青岛啤酒节等就是以它们在旅游节庆行业里的领导者地位出现，在长期的经营活动中保持其特有的魅力。

6. 文化定位

将文化内涵融入旅游节庆品牌，形成文化上的旅游节庆品牌识别。文化定位能大大提高品牌的品位，使品牌形象更加独具特色。旅游节庆活动本身就是一项文化活动，以丰富的文化内涵定位品牌是旅游节庆品牌定位的必然。中国是一个具有悠久历史和丰厚文化传承的国度，无论是传统的节庆活动还是新社会所创造的新的节事活动，都应该注重文化的定位策略。

7. 对比定位

对比定位是指通过与竞争对手的客观比较来确定自己的定位，也可称为排挤竞争对手的定位。在该定位中，旅游节庆经营者设法改变竞争者在旅游者心目中的现有形象，找出其缺点或弱点，并用自己的旅游节庆品牌进行对比，从而确立自己的地位。居于领导者地位之后的节庆活动想占有市场一席之地，往往是难上加难。此时，如采取对比定位的方法也是会获得成功的。

8. 概念定位

概念定位就是使旅游节庆产品、品牌在旅游者心智中占据一个新的位置、形成一个新的概念，甚至造成一种思维定式，以获得旅游者的认同，使其产生"购买"欲望。该类旅游节庆可以是以前存在的，也可以是新类，不同之处是节庆企业提出了一个新的概念。如全国倡导红色旅游活动的时候，旅游部门可进行新概念定位——再走长征路的活动体验。其实，这种事件旅游只是越野活动的一个概念转换，但赋予新的文化内涵，进行了概念的置换，就对游客产生巨大的向心力。

节庆品牌的定位类型还有很多种，像历史定位、生活理念定位等，其具体运用要依据旅游节庆活动的需求和节庆市场的需求及其变化等。

(二) 旅游节庆品牌定位的过程

在明确了定位的基础和策略后，就应该实施节庆品牌定位了。定位的目的是将产品转化成为品牌。如果一个旅游节庆品牌具有清楚、统一的个性，则所有与定位相关的活动就都是必须符合这个性质的。这样不论旅游者从哪方面都能体会到相同的个性，从而强化旅游节庆品牌的地位；而当旅游节庆品牌形象与旅游者的体会相一致的时候，旅游节庆品牌形象就能够更深刻地留在旅游者的心中了。归纳起来，旅游节庆品牌的定位可分为以下四个步骤：

1. 分析旅游节庆行业环境

每个企业都处在一个特定的行业中，有一个特定的环境，旅游节庆经营环境也不例外。旅游节庆主办者在定位之前，必须仔细分析、研究行业环境，进行市场细分。旅游节庆经营不能在真空建立市场区隔，因为周围的竞争者们都有着各自的概念并占据着各自的市场位置，旅游节庆定位只有与行业环境相契合才能行之有效。

首先，分析旅游者的情况。旅游节庆市场由旅游者构成，而旅游者的特点各不相同。旅游者会由于各自的职业、年龄、社会地位、受教育程度、经济条件、居住地区、旅游习惯等方面不同而有不同的"消费"观念和需求。旅游节庆经营者在分析行业环境的时候必须分门别类地把旅游者的习惯了解清楚，并对市场进行细分，选择出自己的目标市场。

其次，了解竞争者的情况。要调查、分析市场上的旅游节庆竞争者，弄清他们在旅游者心中的大致地位，以及他们的优势和弱势所在，这样可以弄清不同旅游节庆品牌在人们心中的位置，也就是建立区隔的行业环境。

最后，考虑旅游节庆市场上随时在发生的变化。因为这种变化既可能是通向成功的商机，也可能是通往死亡之路。把握住最佳时机，旅游节庆经营才有可能得到一个良好的区域市场环境。

2. 寻找区隔概念

选定好确切的区隔市场后，就应该考虑如何进入了。其中一个好办法就是寻找一个新的区隔概念，使自己与竞争者区别开来。如前所述，旅游节庆市场总会有新的市场空间，旅游节庆经营者应该善于捕捉市场信息，寻找新的生存区隔，为自己的市场进入做好铺垫。比如：沿海的一些渔民分布地区,世代以捕鱼为生,20世纪末以来,我国分别在一些重要海域进行了休渔制度,当地的渔民富有创造性地组织了"开渔节"。这既是渔民对保护生态环境的认可,同时也是招徕八方宾客、接会四方商贩的大好时机。"开渔节"也可谓是新的时代渔民的一个节庆活动的成功范例。

3. 寻找制成概念的基础

区隔不是空中楼阁,旅游者需要旅游节庆活动的现实证明,节庆经营者必须能支撑起自己的概念。许多旅游节庆概念营销之所以失利,就是因为这些概念属于空穴来风,缺乏真正的基础,只是急功近利、赚钱心切的企业凭空臆造出来的新名词。任何一个区隔概念,都必须有据可依。因此,旅游节庆经营者在提炼出概念后,必须找到相应的基础和支撑点,让它真实可信。例如,在花卉之乡举办"花卉节"是天经地义的事,但如果在一个气候比较湿热的南方城市举办"冰雕节"就让人感觉匪夷所思。

4. 运用推广

做好前三个步骤之后,就应该用这种方式将概念植入旅游者的心中,并在应用中建立起自己的定位。旅游节庆经营者要在以上方面的传播活动中,都尽力体现出区隔的概念。其实,一个真正的区隔概念,也应该是真正的行动指南。

当旅游节庆经营者的区隔概念被别人接受,而且在企业的销售、产品开发、设备工程,以及它们各个方面都得到贯彻的时候,旅游节庆经营者才真正在品牌上建立了定位。

五、旅游节庆品牌定位问题讨论

(一)旅游节庆目标市场问题

选择旅游节庆目标市场与旅游节庆品牌定位,二者既有密切联系,又有本质区别。选择目标市场是市场细分之后的企业营销行为。而旅游节庆品牌定位则是在分析目标消费市场的价值观、物质和精神需求基础上努力叩开旅游者心扉、在旅游者心目中占据有利位置的活动。通过定位活动，可以实现旅游者对节庆产品、品牌或企业的认同与选择。

旅游节庆品牌定位与目标市场的选择关系如下：

1. 选择旅游节庆目标市场是节庆市场定位或节庆品牌定位的前提

市场定位或品牌定位要根据目标市场的需求特点及对产品修改属性的重视程度来进行。换句话说，没有旅游节庆目标市场，旅游节庆品牌定位或市场定位就失去目标市场和方向；旅游节庆目标市场是旅游节庆品牌定位的归属点。

2. 市场定位或品牌定位又是选择目标市场活动的延续和发展

选择目标市场之后，旅游节庆主办者必须通过建立旅游者认同的定位才能实现吸引旅游者、变潜在旅游者为现实旅游者的营销目的；否则，选择目标市场就失去了意义。

（二）旅游节庆产品差异化问题

旅游节庆品牌定位与产品差异化既有关联，又有显著区别。差异化是在节庆产品供过于求的条件下，旅游节庆经营者对现有的旅游节庆产品的变异求新，以实现与竞争者的差异。其差异化主要通过节庆产品本身的文化、功能、形式、组合等有形因素来实现的。而旅游节庆品牌定位则不同，品牌定位不仅仅是为了实现产品差异化，而且是为了实现品牌差异化。随着旅游节庆市场竞争的日益加剧，同一行业中各节庆产品的差异越来越小，如何利用旅游者对精神和情感性差异来塑造旅游节庆品牌的独特而又有价值的形象，以期进入旅游者心中，就成为节庆主办者竞争的理性选择。可见，旅游节庆产品差异化不是品牌定位的全部内容，它是品牌定位的基础或手段，品牌定位是全新的、更高层次的营销思路与营销战略。

（三）旅游节庆品牌定位问题

除了旅游节庆产品定位以外，旅游节庆品牌定位还包括一个重要的内容就是品牌宣传。必须承认，旅游节庆品牌宣传作为经营者与旅游者沟通的主要方式，是旅游者认知品牌主题的重要途径，是品牌个性的重要体现。没有目标游客认同的主题，旅游节庆品牌定位就难以实现，甚至是不可能实现的。但是，过分夸大宣传的作用，进而仅仅以品牌宣传来认知品牌定位也是片面的。可以说，旅游节庆品牌定位是以产品定位为基础，以宣传定位为保障，通过各种营销手段的组合运用塑造旅游节庆品牌形象的过程。旅游节庆品牌定位涵盖产品定位，又依赖于宣传定位，旅游节庆品牌定位的最终体现就是产品定位与宣传定位有机结合，从而让旅游者感知和认同这种品牌的形象与个性。

（四）旅游节庆品牌突出个性问题

旅游节庆品牌个性是品牌形象的核心，是旅游者认知品牌的尺度和重心，是持续表现力和表现特征，是品牌形象中最能体现差异、最活跃激进的部分。外表形象和产品本身可以模仿，但个性无法模仿替代。旅游节庆品牌个性反映品牌定位，往往是对品牌定位的深化。两个旅游节庆品牌可能存在同样的定位，但可以拥有完全不同的个性。

在个性张扬的时代，游客越来越强调自我风格、与众不同，渴望拥有别人没有的东西，所以很多企业都赋予品牌极其鲜明的个性。

为使品牌个性突出、鲜明，必须整合各种因素，加强旅游者对品牌个性的认知，与旅游者产生共鸣。这些因素包括以下几个方面：

1. 旅游节庆产品类别

与旅游节庆产品类别相关的特征是品牌个性的一大驱动力。

2. 旅游节庆产品"包装"

旅游节庆产品的"包装"不同于普通商品的包装，其主要是指旅游节庆的宣传标识、活动形式和服务水准等。旅游节庆产品的"包装"很容易直接凸显品牌个性，就像一个人穿着打扮可以反映和强化其个性一样。

3. 旅游节庆产品价格

价格可以暗示旅游节庆品牌的个性。高价位的旅游节庆品牌可能会被认为是富有的、豪华的、彰显实力的，而低价格的品牌则可能被认为是节俭的、朴实的、低档次的、略为落伍的。

4．旅游节庆产品属性

旅游节庆产品属性是品牌个性内涵的一部分，它能很好地体现和反映品牌的个性。

5．参与者形象

参与者形象可以以典型参与者或者理想化的参与者为基础。

6．公共关系

公共关系活动中，要特别突出一些有特色、富有创意的活动，它能很好地传达品牌个性，营造品牌形象。

7．旅游节庆象征符号

象征符号对旅游节庆品牌个性具有很强的影响力和驱动力。象征符号除了文字标志，另一类重要的符号是吉祥物。在对品牌形象的个性塑造中，寻找和选择能代表品牌个性的吉祥物往往很重要。

8．广告风格

广告风格主要是由产品决定的，不同的广告风格往往可以产生不同的广告效果；同时广告风格也是反映品牌个性的一种常用手法。

9．举办地

不同历史、经济、文化的沉淀，成就了不同的国家或地方的旅游节庆品牌特色。因此，来自不同国家的品牌多少都能够反映该国家文化的特色与风格。

10．举办者形象

举办者形象是塑造旅游节庆品牌个性的一部分，是一些节庆主办者打造自己品牌个性的主要手段。

不同的旅游节庆品牌行为表现会产生不同的个性特色；不同的旅游节庆品牌个性又会选择不同的品牌行为，旅游节庆主办者在品牌定位过程中，要尽可能地突出品牌的个性。

（五）旅游节庆品牌定位偏离问题

1. 旅游节庆品牌定位无效

旅游节庆品牌定位的目的是要在市场上树立旅游者所认同的独特的品牌个性与形象。但是，若定位未能显现自身品牌与竞争品牌的差别，进而使旅游者感受不到品牌的个性魅力，那么这种定位就属于无意义的，即定位无效。

2. 旅游节庆品牌定位过窄

旅游节庆品牌定位过窄也是企业所不愿看到的失误。因为定位过窄，只着重于某一部分人的需要，而忽视其他旅游者的需要，企业常常会失掉一部分准游客或者是旅游节庆品牌的潜在忠诚旅游者。这样，该品牌的作用就未能充分发挥出来，利益就会大大缩减。

3. 旅游节庆品牌定位过宽

旅游节庆品牌定位必须突出重点，有所侧重，不应该面面俱到，更不能对每一面都赋予相同的权重。过宽的旅游节庆品牌定位将使品牌的传播失去方向，也不会给游客留下深刻的印象，甚至可能会令顾客产生怀疑。

4. 旅游节庆品牌定位混乱

旅游节庆品牌定位杂乱而不清晰，主要是品牌宣传失误所致。在旅游节庆品牌传播中，传播的途径、方式可以多样化，但它们必须体现统一的诉求主题。若旅游节庆品牌诉求主题过多或者品牌定位变动过于频繁，就容易使旅游者无法认知品牌的个性与独特的形象，进而降低其市场竞争力。

5. 旅游节庆品牌定位错误

常见的旅游节庆品牌定位错误主要表现为品牌的宣传内容与产品特性不相符合。在旅游节庆品牌定位中不分具体企业或产品的特色而生搬硬套的做法，必然会因产品特点不明确而使旅游者感到茫然。

旅游节庆品牌定位不是企业的一厢情愿，而是经营者与旅游者之间互动的结果。企业只有在定位过程中把旅游者的需求与利益放在第一位，充分考虑各种相关的影响因素，准确地分析品牌产品所独有的个性与形象，才能使旅游节庆品牌定位真正成为营销工具和市场竞争的利器。

旅游节庆品牌定位是一个集知识、智力与技术于一体的复杂脑力劳动，需要定位者具备丰富的科学文化知识和敏锐把脉市场的能力。认真学习品牌的基本理论对于指导旅游节庆品牌的定位会有不可替代的作用。旅游节庆的品牌定位又具有其自身的独特性，不能完全照搬普通商品的品牌定位方法，既要借鉴又要有所创新才是旅游节庆品牌准确定位的法宝。

第三节　旅游节庆品牌的宣传推广

一、旅游节庆品牌沟通概述

品牌定位和设计的目的是在旅游节庆和游客之间建立一个交互沟通的桥梁。但意欲成为成功的旅游节庆品牌，只有美观华丽的物质表象——视觉设计，是远远不够的，还必须在旅游节庆主办者和游客之间建立一个良好的品牌沟通平台，即旅游节庆品牌沟通是品牌真正植根于游客心中的媒介。

旅游节庆的品牌沟通渠道是多元的。从沟通形式上划分有广告、新闻和营业活动等，从传媒途径上划分有报纸、杂志、电视和网络等。在信息化社会到来的今天，网络成为商业推广的一条重要捷径，所以旅游节庆品牌的沟通也逐渐介入网络这一巨大的空间。

长期以来，广告与营销心理学理论的一个基本观点是将旅游者行为视为纯理性的、仅仅注重技术与功能性以及经济利益最大化的活动。据此旅游者决策一般经历确认（注意与知觉）、过滤、定位、确定和满足等心理过程。这一理论模型由于排斥旅游者在广告与营销中的情感与体验作用，因而面对21世纪旅游者个性化的特点就失去了指导意义。

近年来，情感与体验营销理论得到迅速发展，并日益受到广告与营销界的普遍重视。该理论认为旅游者决策并非理性的，在当今营销环境下更多地受到旅游者情感与体验经历的影响，即使在旅游者的决策行为中理性因素占据一定地位，情感因素也是影响其决定的重要因素之一。可以说，没有情感作用与体验经历的旅游决策是不存在的。

情感因素也不是与理性因素简单地在旅游决策中各占一半，而是在与理性因素相互作用中才能发挥出更大作用。旅游节庆品牌的沟通亦是如此。

（一）广告与营销环境下的情感作用特点

情感一词的英文在广告与营销中用 emotion，而在心理学中则用 affect 或 feeling，可见不同的学科有着不同的理解与认识。其实有时很难加以区分，其意义有更多的重叠。这里虽讨论的是在广告与营销环境下情感概念的意义，但同时也要依据心理学的解释，这样才能较为深入地理解情感因素在旅游节庆品牌建设中的意义。广告与营销中所说的人类所具有的情感作用，是指人在广告与营销环境下表现出某种情感上的倾向，这种情感上的倾向有利于提高人的情感体验。因而人们对"刺激"情感的东西（如广告）总会产生情感性的倾向。如果这一倾向在人们生活中具有特别的象征性意义，这时情感体验就被唤起，影响旅游者决策与行为。

在广告与营销中，"情感"常作为一种体验，用来概括人们对一些真实或想象的事件、行为或品质的肯定或否定的评价，以及由此而引起的各种精神状态或生理、心理反应。在英文中 emotion 即情感一词是由 exit 和 motion 这两个词缩合而来的，其词义是源于古希腊人相信情感是灵魂暂时离开身体。如今认为情感包含着一个人的核心真实，所谓情感性就是表现真实的自我。从某个意义上说这一情感性是真实的，因为人们对什么表露出情感，显然与他们关心什么有着密切的联系。心理学认为人的情感心理过程受到生理、自然与社会环境刺激的影响，所以情感由可被激发状态的连续体组成，情感从平静到激动过程是受到主体与

第六章　地方特色旅游节庆品牌的构建

外部诱因的交互影响而变化。根据情感心理过程，一般认为情感具有以下四个特点：

1. 情感具有对象性

情感一般是关于某件事或某一经历的，如人们常谈论对某件事或经历有恐惧感、对某人所作所为感到气愤、对某件事感到尴尬或非常骄傲等。因此要想了解旅游者的情感体验，那就要对情感的对象进行明辨和分析，以确定对象中哪些品质、特点、特性能够激发消费者的情感。

2. 情感的肯定或否定评价具有认知性

情感是有感而发并建立在信念和愿望的基础上，即认知性上的复杂心理过程。同时也存在一种潜意识对输入脑中的信息进行处理，筛选出我们关心和感兴趣的东西。如果某种东西与我们相关，立刻就会有一种非意识性的评价来产生"反射性"情感。这是一个特殊的感知过程，也是情感性的体验，同时伴随其间的是无意识性的认知。所以人们特别是女性购物常常是非理性的就是这个道理。

3. 情感与人的生理活动有关，由此引起一系列生理变化

典型的假设就是那些具有高度不愉快或愉快的感觉（情感）、快感和紧张等都与刺激强度相关。

4. 情感对人的行为产生具有趋向性作用（态度）

积极的情感会趋向于产生亲和与喜欢对象的倾向，消极的情感则会趋向于产生恐惧与攻击对象的倾向。

基于上述特点，情感具有可以通过影响人们的视线去关注那些对生存重要的东西而具有帮助人们生存之功能；情感具有影响旅游者决策与行为的作用；情感更重要的功能是通过内在价值观念，影响与劝说人们在旅游中扮演着特定的角色，将人们所承担的义务指引到一定的位置等。在上述功能中突出强调情感弥补人们在旅游中理智上的不足的作用。

(二) 情感作用对旅游节庆品牌形象沟通的影响

在营销与旅游节庆品牌建设过程中，旅游节庆主办者主要是对旅游

者如何感知事物（产品或服务）感兴趣，而不是仅对事物本身感兴趣。旅游心理学认为，旅游者感知（affect）产品或服务的过程是对感觉（认知与情感相互作用）进行解释并做出推论的过程，而这一心理机制要受到个人过去的经历和预期的影响。在没有旅游节庆产品存在的情况下，旅游者对某种旅游节庆品牌的认识就必须依靠记忆。具体地说是旅游者通过认知表征对物质世界获得认知的，也就是依靠这种产品在他们心目中的认知表征或形象来认识旅游节庆品牌的。旅游节庆品牌形象就是这样的一个认知表征，它是表象的综合，它受到情感心理机制的影响。这种表象典型地反映了人们对旅游节庆品牌以及由此获得的利益的情感（态度）。对一种节庆品牌的记忆是一种形象，这种形象更多地受到旅游者对实际产品使用经历与体验的影响，使用过程中的情感是产生形象（认知表征）的主要部分，因此在营销中保证一个节庆品牌具有正面意义，就显得非常重要。

广告心理学认为情感因素影响旅游节庆品牌形象是通过旅游者认知储存与象征性意义（情感）的相互作用机制实现的。通过旅游者认知储存，使旅游节庆品牌形象能够唤起人们的情感意象以及对旅游节庆品牌可能表现的信仰与忠诚。它是综合了人们对旅游节庆品牌自身的思考、联想、感觉（情感）以及预期的综合反映。

旅游节庆品牌形象所包含的信息可作为个体记忆中的数据结构，而一个心理形象可组成一个部分可见的实体，也就是我们所说的外在表象，它是源于个体长期记忆中对信息的转化。认知心理学家指出，这种形象不是"头脑中的图画"，它缺少图画应有的大部分成分。形象也不像一幅图画，它们只是组成先前已处理过的信息的成分，并且它们也不是通过人们的眼睛（客观认识）将其转化为信息的，而是通过"主体主观建构"转化而来的。当一种旅游节庆品牌的名称被记起的次数越多，就有越多的形象信息转变为有关节庆品牌的信仰。实际上，我们有时正是需要依赖形象信息来获得对旅游节庆品牌的信仰。比如问及旅游者对某种品牌的旅游节庆特色理解是否就是某种表征意义的品牌设计时，大部分旅游者都会想起这种旅游节庆的品牌标志形象,因为需要描述节庆活动的独特之处。可见在旅游行为中,旅游节庆产品或品牌形象的重要性与实用性。

(三)情感作用与旅游节庆品牌营销策略

基于情感心理作用对旅游节庆品牌形象的影响研究,这里介绍几个有影响的旅游节庆品牌营销策略。

1. 共鸣模型与品牌形象策略

"共鸣模型"是由美国广告理论专家儿金·施瓦茨在20世纪70年代提出的。他认为成功的品牌广告一定是与目标受众(旅游者)产生了共鸣,广告唤起旅游者(受众)其内心深处的回忆,产生难以忘怀的体验经历和感受;同时广告也赋予旅游节庆品牌特定内涵和象征意义,并在参与节庆者心目中建立移情联想。施瓦茨的"共鸣模型"同样也符合当代认知建构心理学的观点。该理论的一个基本观点就是反对信息加工心理学中将人脑加工信息工作与电脑信息处理方式相类比,同时也不同意人的认知过程不受到或没有情感因素影响的观点。

根据"共鸣模型"理论,有效的说服策略要从目标旅游者本身引发一个情感上具有说服力的信息入手,而不是向人脑(类比电脑)输入一个信息。产生共鸣的信息要涉及旅游者价值观、需要、欲望、渴望等信息,而不是仅仅听起来是正确的信息。那么经营者如何从旅游者那里获得有情感说服力的信息呢?关键是要使广告所产生的情感体验与产品的有关活动相联系。如旅游者购买并驾驶一辆时尚跑车时,可能产生各样的感觉,而感觉又会导致舒适感或不舒适感。如引人注目的广告中,把这种情感体验激发出来,并在整个广告过程中与旅游者产生共鸣,就像被广告"触动了一根神经"或所谓"有家一般的亲切"一样,这时旅游节庆品牌形象才能在人们心目中建立起来。

交流活动所携带的不仅是信息,还有语气。文字通过影响感觉、情绪和知觉可以形成语气。携带情感暗示的文字会影响旅游者的态度和对文字的理解。在广告设计者选择言辞和画面的时候,他们实际上要使旅游者以一种特定的方式，对一个产品或服务形成一个概念，并进行分析和欣赏。但是一般意义而言，词语是更重要的，因为词语对思考行使限制作用。如果旅游者没有一个词语代表一样东西，他们可能不会注意这个东西，因为他们主要注意对他们来讲有名字的事物。音乐的使用应该和想要塑造的品牌或者公司形象相一致，因为音乐和可视因素一样，能影响对品牌的感觉。音乐和声音的效果能激起情感。

画面设计应从审美、姿势、照相的角度考虑，同时颜色也是产生情感效果的重要方面。画面会激发情感，认知心理学研究认为，一个可视的象征物远比词语的比喻要更有效。这可能就是广告中越来越多地使用图画象征物的原因吧。

2. 自我说服与自我想象策略

通过自我想象来进行自我说服也是情感与体验营销的重要策略。当旅游者想象或幻想拥有和使用某一产品，比如说一个知名的旅游节庆品牌时，说服自己参与，感觉就被激发出来了。如果说传统的广告着重于联想，而自我说服策略直接把重点放在让目标旅游者接受产品上。

3. 提升自尊感或理想自我形象策略

提升自尊感或理想自我形象的方式是建立旅游节庆品牌形象的有效方法之一。大量的广告希望帮助目标旅游者对所推荐的旅游节庆品牌形成这样一个观念：与他们类似的旅游者愿意或者应该喜欢这个旅游节庆品牌，因为旅游节庆品牌和他们首选的自我形象相吻合，能有效地增强他们的自尊感。通过向旅游者承诺，这个产品将帮助他们实现某种理想或者产生更强的自尊感。广告激发了旅游者可能由于使用产品而产生的、至少是由于使用产品而会促进的自我想象。

综上所述，"共鸣模型"认为有效的广告可以激发目标旅游者相关体验与情感来实现品牌象征性意义；自我说服与自我想象策略则着重让旅游者以一种情感的方式去想象并拥有和体验节庆过程；提升自尊感或理想自我形象策略更强调与他们类似的群体拥有相同的情感体验，因为他们之间的旅游节庆品牌体验与自我形象是一致的。随着全球经济一体化，这些品牌策略对我国旅游节庆品牌营销同样具有指导和启示意义。

旅游节庆品牌是旅游者的，旅游者认可的旅游节庆品牌才是有价值的；旅游节庆品牌是企业创造和管理的，主办者推动着旅游节庆品牌的运行。正如"产品到商品"这一跨跃，旅游节庆品牌也需要经历从企业到旅游者的转变。这一跃的成功与否，决定着旅游节庆品牌兴衰存亡。这惊险一跳取决于旅游节庆品牌沟通的效果。也就是说，旅游节庆品牌的最终成功，不仅取决于旅游节庆产品的品质和利益、概念的创意和提炼、目标群的细分与定位，关键在于旅游节庆品牌所具有的东西是否与旅游者实现了沟通与对接、是否得到了旅游者的理解与认可。只有得到了肯定的答复，旅游者才心安理得地掏出腰包，为自己所需要的而付出。

二、旅游节庆品牌广告宣传

旅游节庆品牌宣传作为旅游节庆品牌设计后的一个重要环节，是实现旅游节庆品牌营销目标的重要手段。品牌宣传的效果，不仅取决于宣传的数量，而且取决于宣传方式的选择及其设计。旅游节庆品牌推广是旅游节庆品牌营销过程中必要的武器和有效手段，是一项复杂而艰巨的工程。它既是建立旅游者品牌认知度、真诚度的重要方式，也是提高旅游节庆品牌知名度、美誉度的有效途径。在旅游节庆品牌营销过程中，旅游节庆品牌推广是至关重要的一环。没有推广，就没有市场。

（一）旅游节庆品牌广告设计原则

1. 客观真实性

旅游者对旅游节庆品牌的认知与信任，一般经历从接触广告到感知产品，再从认可产品到验证广告这样一个循环演变的过程。这种由此及彼、由浅入深的认识过程最终将凝结固化为一个旅游节庆品牌。广告能否在传播信息的过程中塑造良好的旅游节庆品牌形象，并引导旅游节庆活动的参与，关键是广告要真实、可信。广告的生命在于真实，虚伪、欺骗性的广告必然会降低旅游节庆品牌形象，丧失旅游节庆的追随度。

广告的真实性在于内容要真实,广告业主与广告商品也必须是真实的。

2. 意图指向性

由于不同的旅游节庆品牌或产品有不同的特性,而不同的旅游者群体有不同的喜好、厌恶和风俗习惯,如果旅游节庆品牌广告的设计不能针对不同旅游节庆品牌或产品的特性和不同目标受众的喜好,而是一味地按自己的意愿来设计广告,那么广告就会因不被人接受与认可而不能实现传播旅游节庆品牌、塑造品牌的目的。所以,广告要根据不同的旅游节庆产品、不同的广告对象来决定其内容,采用与之相应的形式。

3. 受众社会性

旅游节庆品牌的广告宣传是一种信息传递。它在传播经济信息的同时,也传播了一定的思想意识,必然会潜移默化地影响社会文化和社会风气。所以,广告必须符合主流的社会文化和思想道德,要遵守党和国家的有关政策法律,有利于社会主义精神文明、有利于培养广告受众的高尚情操。

4. 主旨简洁性

广告的受众时间是非常宝贵的,他们在较短的时间内所接收的信息十分有限。广告不应给潜在旅游者带来太大的视觉和听觉上的辨别压力。简短、清晰和明了地点明旅游节庆品牌的个性是旅游节庆品牌广告设计的客观要求。

5. 内容有感召力

广告是否具有感召力,关键取决于诉求主体。广告的重要原则之一就是广告的诉求点必须与产品的闪光点和目标游客"购买"旅游节庆产品的关注点相一致。几乎所有的旅游节庆产品都有很多属性,有的是实体方面的,也有的是精神感受方面的,但目标游客对产品各种属性的重视程度是不尽一致的。这就要求主办者从事广告宣传时,突出宣传目标顾客最重视的产品属性或购买该种产品的主要关注点;否则,将难以激发潜在游客的"购买"欲望。

6. 设计艺术性

广告把真实性、思想性和针对性寓于艺术性之中。广告的艺术性主要体现在对于广告主题恰当的表现，即使广告主题明确具体，但若没有恰当的艺术表现形式，也难以取得理想的广告效果。富有感染力的广告应该广泛利用科学技术的新成果，吸收文字、戏剧、音乐、美术等各学科的特点，把真实的、富有思想性和针对性的广告主题通过合理的艺术形式表现出来。只有这样，才能使广告成为精美的艺术作品，给人以较高的艺术享受，使人受到感染，从而增强广告的效果。这就要求广告设计要构思新颖，语言生动、有趣、诙谐，图案美观大方，色彩鲜艳和谐，形式不断创新。

(二) 旅游节庆品牌广告媒体选择

沟通方式的选择对沟通效果有很大的影响。由于不同的广告媒体有不同的长处和短处，这就决定了旅游节庆主办者从事广告活动时对广告媒体进行正确的选择，否则将影响广告效果。其影响因子有以下几个方面。

1. 旅游节庆产品特性

不同的旅游节庆产品，有不同的参与价值，适合不同的旅游群体范围和宣传要求。广告媒体只有适应产品的性质，才能取得较好的广告效果。因此，旅游节庆产品性质不同应采取不同的广告媒体。通常，对高层次专业节事活动需要向专业人员进行广告宣传，多选用专业性杂志、报纸或邮寄等媒介形式；而对一般普适型旅游节庆活动，则适合选用能直接传播到大众中去的广告媒体——电视、晚报等进行宣传。

2. 媒体传播范围

媒体传播范围的大小直接影响着广告信息传播区域的宽窄和受众目标群体的多寡。适合全国各地旅游者参与的旅游节庆宜选择中央电视台、全国发行的报刊等作为广告媒体；地方性旅游节庆，可通过地方性报刊、广播电台、电视台或路牌等传播旅游节庆品牌信息。

3. 受众接触媒体习惯

做广告是为了使旅游者了解旅游节庆的品牌和产品，进而引发购买欲望。由于不同的旅游者接触广告媒体的习惯不同，所以，为了实现广告的目的应该考虑诉求受体接受媒体宣传的习惯。譬如对儿童游乐性节庆进行广告宣传，宜选用电视、晚报作为媒体；对学术性旅游节庆进行广告宣传，应选用专业人士喜欢阅读的期刊。

4. 媒体价格

各广告媒体的收费标准不同，即使同一媒体，也因传播时段和影响力的大小而有价格差别。一般说来，电视媒体的绝对费用高，而纸质媒体的绝对费用较低。但考虑媒体费用，不能只看媒体的绝对费用的高低，而应比较其相对费用，即考虑广告促销效果。如果使用电视做广告需支付 20000 元，预计目标市场收视者 2000 万人，则每千人支付广告费是 1 元；若选用杂志做媒体，费用 10000 元，预计目标市场收阅者 500 万人，则每千人广告费 2 元。相比较而言，选用电视作为广告媒体更合算。

（三）广告内容的制作

广告能不能对旅游者起到宣传和说服的效果，不是取决于它花费了多少广告费，而是取决于它采取了怎样的广告策略。一个好的广告策略在制定时，不仅要做出周密的计划、选择合适的广告媒体，还要认真考虑广告宣传的内容，做出合适的调整。

1. 依据旅游节庆产品的特性做广告

普通商品有这样的情况：并不是所有的产品都适合做广告的，对那些差异性很小、产销配套、订货合同计划很强的产品，如煤炭、水泥、钢材、食盐等，广告的宣传作用就很小，生产企业也极少愿花广告费。旅游节庆产品的特点有：雷同产品。旅游节庆的火热导致旅游节庆产品雷同现象严重。差异产品。由于旅游节庆所反映的是一定地域的文化经济现象，所以旅游节庆产品的差异化也是非常明显的。这种旅游节庆品牌就需要有强有力的广告作为宣传推广。旅游节庆日益被国家和各级地方政府重视，其举办的频率也越来越多，旅游节庆的内容也千奇百怪，让人目不暇接。为了能吸引潜在游客的眼球，旅游企业势必花重金进行广告策划和宣传。

2. 依据旅游节庆产品的生命周期做广告

任何产品根据产生、发展、消亡的过程，都有其"生命周期"。在生命周期各个阶段，旅游节庆品牌有不同的市场特征，需要采取不同的广告策略。

（1）品牌导入期

旅游节庆品牌导入期特点：知名度低，品牌推广较缓慢，产品的改良尚未成熟，主办者用于产品导入期间的渠道及促销费用高昂，所以经济效益和社会效益均比较低。

旅游节庆主办者在导入期的营销战略决策：营销需要大量经费，促销费用占了最高的比率。营销承担以下重要任务：介绍新产品；吸引旅游者"试用"该产品；使产品顺利建立销售网络（旅游节庆产品的生产旅行社旅游者）。主办者在此期间，可以有多种策略，比如快速撇指策略、缓慢撇指策略、快速渗透策略等。

旅游节庆主办者在导入期的广告战略决策：根据不同营销策略制定广告策略，如快速撇指策略、快速渗透策略，这两种策略都需要较高的促销水平。

导入期的广告战略决策总的来说是一种开拓性广告策略。利用广告手段提高旅游节庆产品的知名度、旅游者的认知度，使旅游节庆产品尽快进入市场是最重要的目标。对于创新性明显以及高技术含量的现代旅游节庆产品，应利用理性诉求大量介绍产品的利益、性能、效用、活动参与方法；对地域特色明显的旅游节庆产品，要着眼建立某种旅游节庆品牌个性，并及时收集旅游者对新产品形象的反馈，使后期易于确定品牌的定位。进攻性的广告策略要求利用大量的媒体投放，使品牌不断出现在旅游者的眼前，加深旅游者对新信息的印象。

(2) 品牌成长期

旅游节庆产品成长期特点：成长阶段的标志是参与者的迅速增多，产品迅速被市场接受，市场面扩大，经济效益增加。由于市场热度的升温和丰厚利润的刺激，新的追随者与竞争者进入市场，雷同或仿冒的旅游节庆产品会层出不穷。

主办者此时应通过改进产品质量、表现形式或赋予产品新特点、增加附加产品，以进入新的细分市场与渠道；在需求迅速增加的同时，参与节庆活动的价格应维持不变或略有下降，以保持市场占有率；促销费用的绝对支出不变或者略有上升，但因为销售量的高速上升会使促销费用的相对比率下降。

旅游节庆主办者在产品成长期的广告战略决策：广告致力于说服更多的旅游者购买产品，提高产品的市场占有率。该期间总的来说是一种"说服性"广告。

(3) 品牌成熟期

这时旅游节庆产品已被市场承认，在一部分旅游者中具有相当影响；但产品的新奇感已经逐步消失，同类产品的竞争会大大加强，游客选择的余地大大增加。这一阶段主办者就应该采用"劝导性"广告，广告宣传的重点应逐步转移到商标的信誉上来，在产品宣传上应突出介绍最重要的优点和特点，如优良的服务、优惠的价格和优待的政策等。

(4) 品牌衰退期

这时的旅游节庆产品已销售多年，新奇感几乎完全丧失，更新换代产品已经进入市场展开激烈的竞争，一些非名牌的节庆产品因抵抗不了竞争的压力而陆续退出市场。这时"劝导性"广告虽然还有效地使用，然而更有效的广告类型是"提醒式"广告，以旧事重提的回顾形式，使游客重视节庆品牌的声誉、商标的威望、产品的"历史痕迹"，延长旅游节庆产品的生命周期。

3. 依据旅游者的心理活动规律设计节庆广告内容

做广告的目的在于宣传产品、说服旅游者、刺激消费欲望，最终实现销售。运用心理学的原理来策划广告，能够引导人们顺利地完成消费心理过程，使广告取得成功。

诸如，针对年轻人和老年人有不同的旅游需求，在节庆品牌广告设计时就要区别对待：惊险刺激的竞技类节庆品牌广告可以尽可能地向潜在的年轻游客诉求，而以追寻故土、展现祖国传统地域文化的节庆品牌广告诉求可主要针对老年朋友。此外，广告还要充分考虑受众的地域文化等。

三、旅游节庆品牌推广

旅游节庆品牌的推广是在旅游节庆品牌建立以后，旅游节庆主办者通过媒体广告、营业活动和公关活动等手段而扩大品牌影响力的系列过程。推广重点是旅游节庆品牌的促销和公关这两部分。

（一）旅游节庆品牌营业促销

旅游节庆品牌营业促销是将有关旅游主办者、旅游地以及旅游节庆产品的信息，通过各种宣传、吸引和说服的方式，传递给旅游节庆产品的潜在购买者，促使其了解、信赖并购买自己的旅游节庆产品，以达到扩大销售的目的。其实质就是要实现旅游节庆营销者与旅游节庆产品购买者之间的信息沟通。

1. 旅游节庆品牌营业促销的作用

（1）提供旅游节庆信息，沟通供需联系

旅游节庆主办者在何时、何地，以何种方式向旅游者提供旅游节庆产品，显然是旅游节庆促销活动所要传递的信息。潜在的旅游者正是通过这些信息，了解、熟悉旅游节庆产品的举办方式、节庆活动的主要功能等。

（2）凸显旅游节庆产品特点，强化竞争优势

通过促销活动可以让潜在游客建立对于旅游节庆产品的正确认识，辨别出促销旅游节庆产品区别于其他同类产品的差异之处。

诚然，如果所促销的旅游节庆产品确实与同类跟风或效仿的产品存在本质"质量"上的区别，则这一旅游节庆产品一定能通过促销活动强化自己的品牌优势。

（3）树立良好形象，加强市场地位

旅游节庆是一项文化旅游活动，通过生动而有说服力的促销活动，往往可以塑造友好、安宁、服务周到以及其他人性化的良好旅游服务形象，赢得更多潜在旅游者的厚爱。旅游节庆市场变化莫测，某一旅游节庆产品一旦形象受损，通过促销可以改变自身的消极形象，重新树立良好的旅游形象和确立应有的市场地位。

（4）刺激和引导旅游消费

节庆旅游是一项高层次的精神文化活动。促销可以吸引潜在旅游者的注意，使更多的潜在旅游者加入现实的旅游者行列中来。这就是人们经常挂在嘴边的一句话：我不知某某地方还有这样好玩儿的活动。可以看出，旅游节庆的促销是刺激和引导旅游消费的一个不可替代的方式。

许多销售促进方式可以实现销售促进的目标，但不同销售促进工具的成本大不相同。企业应该把市场类型、促销目标、竞争情况及每一种促销工具的成本考虑进去，进行核算对比，确立旅游节庆品牌最佳的销售方式。

2. 旅游节庆营业促销的方式

旅游节庆品牌营业推广概括起来有免费营业推广、优惠营业推广、竞赛营业推广和组合营业推广。具体表现形式如下：

（1）参加展会

参加展会是旅游节庆主办者进行促销的一种宣传方式。旅游节庆主办者通过精心设计、细密安排，向受众介绍自己旅游节庆活动的内容、特色等。在展会过程中，展位的平面纸质宣传要注意美术效果，要能够吸引参会者的眼球，同时要借助现代科技手段。

（2）优惠活动

旅游节庆活动是万民同乐的场面，贵在吸引成千上万的游客前去参加，营造热烈宏大的喧闹场面。可以进行活动门票的优惠活动。例如，儿童娱乐活动场所的优惠券可以吸引很多潜在的游客，并且具有联动效应，带动年轻的父母参加节庆活动。

（3）商业活动

旅游节庆活动蕴含着无限的商业契机。旅游节庆组织者可以借旅游节庆招引商家前来从事商业活动。一方面可以活跃节庆气氛，另一方面可以带动潜在的游客参加旅游节庆活动。

在商业经营活动中，旅游节庆品牌经营者可以采用的推广方式如下：

①折扣。价格折扣，是指在某一段时间内，旅游节庆主办者给予节庆活动的参与者每次低于价目单（旅游节庆门票等）定价的直接折扣。这一优待鼓励潜在游客购买节庆产品，容易提高新旅游节庆产品的市场占有率。"中间商"或票务代理机构可将购票补贴作为直接利润、广告费或零售价的降价补贴。

②折让。折让是指旅游节庆主办者对"零售商"同意以某种方式突出宣传旅游节庆品牌或旅游节庆产品所给予的补偿。主要有：广告折让用以补偿为旅游节庆品牌所有者的产品做广告宣传的零售商；陈列折让则用以补偿对旅游节庆产品进行特别陈列的零售商。

③免费参与。免费营业推广是旅游节庆参与者免费获得的某种特定物品或利益。在提供免费门票刺激的营业推广领域里，免费营业推广活动的刺激和吸引强度最大，旅游节庆参与者也乐于接受。其他方式还有赠券、赠品等。赠送需要考虑该节庆产品的整合营销策划与传播战略，做到与其整体战略不相违背。现实中，一些节庆主办者为打开销售通路向各级中间商赠送一些外围的、附带的节庆产品，以此扩大该旅游节庆品牌的社会影响力。

（二）旅游节庆品牌公关促销

品牌公关活动既是一种促销方式，又是品牌宣传的有效方式，因为公关活动过程能够维护并提升品牌形象和主办者形象。旅游节庆主办者用品牌公关进行品牌宣传时，应该熟悉各种品牌公关方式。

1. 利用宣传性公关

宣传性公关是指运用广播、电视、报纸、杂志等各种传播媒介，采用撰写新闻稿、演讲稿、调查报告等形式，向社会各界传播旅游节庆品牌和经营者的有关信息，以形成有利的社会舆论，创造良好的活动气氛。这种方式传播面广，对塑造旅游节庆品牌和产品形象效果较好。

宣传性公关最重要的一个任务是发现、利用和创造对产品和品牌有效的新闻。新闻具有内容真实性、传递快捷等特征。因此，其信息传播的可信赖性较强。旅游节庆主办者可充分借助新闻的形式，利用新闻传播优势，提高旅游节庆品牌和产品的知名度，展示主办者的经营理念，进而树立并提升旅游节庆品牌企业的形象。

利用公众所关注的话题或事件来制造新闻、宣传旅游节庆品牌和产品是宣传性公关比较常见的做法。除了利用公众所关注的主题进行宣传外，也可以巧借传统节日、纪念日开展宣传旅游节庆品牌的公关活动，这也是比较常见的制造新闻之举。

2. 进行赞助性公关

赞助性公关是指通过赞助文化、体育、教育、卫生等事业，支持社区福利事业，参与国家重大社会活动来塑造旅游节庆品牌和产品的良好形象，提高旅游节庆品牌和产品的社会知名度。这种公关方式，公益性强、影响力大，但成本相对较高。

赞助性公关活动应有一个明确的目标。这是确保赞助活动获得理想效果的十分重要的前提。通常，成功的公关赞助多选择与目标市场接近的相关群体所关注的体育、生态、环保等活动或项目作为赞助对象，同时把目标还确定在能促进品牌形象或者有助于强化品牌定位的活动或项目上。这是赞助性公关应首先考虑的。

赞助性公关活动应选择富有协调性的参与方式。有了正确的赞助目标，就有了明确的赞助公关方向。但是，如果旅游节庆主办者在参与活动中过于突出旅游节庆品牌而使被赞助的社会活动本身失去了应有的意义,则非但不会因赞助而提升品牌形象,还可能导致花钱自降旅游节庆品牌的后果。因此,赞助性公关活动强调赞助者要有真诚的态度,在保证被赞助的活动能发挥其应有的作用的同时,显现旅游节庆品牌在其中的作用,进而使旅游节庆品牌及产品形象得到提升。

赞助活动并非一定有较好的投入产出比。赞助活动对于那些已经建立起知名度的旅游节庆品牌来说,是十分有效的营销工具。然而对于新的旅游节庆品牌来说,赞助活动就只宜作候选工具。大量的事实证明,对于那些知名度不高的旅游节庆品牌来说,进行赞助活动的效果并不显著,而且可能是一种浪费。

3. 运用服务性公关

服务性公关就是通过各种实惠型服务,以行动去获得公众的了解、信任和好评,进而实现维护旅游节庆品牌的形象与声誉的目的。旅游节庆主办者可以以各种方式为公众提供服务,如旅游节庆活动选择、旅游活动消费培训等。

对服务要有正确的认识。服务不仅仅是单纯地为游客服务,在服务中提供给游客的是满意的旅游体验和回想时不错的感觉,是一种维护并提升旅游节庆品牌形象的公关行为。

服务性公关要确定切实可行的、与游客的关注相一致的服务项目或服务内容。

服务性公关还应该注意方式方法,尽可能在有约束的条件下提供优质亲情的服务。

4. 开展征询性公关

征询性公关主要是通过开办各种咨询业务、制定调查问卷、设立热线电话、进行民意测验、聘请兼职信息人员、举办信息交流会等各种形式,经过连续不断的努力,逐步形成效果良好的信息网络;再对所获取的信息进行分析研究,为经营者决策提供依据,为游客及社会公众提供满意的服务。

显然,通过各种各样的征询活动,可使主办者与游客之间建立起密切的联系。在信息沟通便利的情况下，使广大游客可以"畅所欲言"，提出自己对旅游节庆品牌、产品和主办者的看法。游客在为主办者决策提供建议的同时，自身也获得了一种满足感。

游客成为征询方式下的监督员，使主办者运营有了可感知的外部压力，这易于成为主办者提高管理水平、改进产品质量、塑造良好的品牌形象的动力。

把游客的各种意见、建议有目的地集中起来，就会形成很好的创意，并且常常会获得主办者难以想到的奇思妙想。

主办者利用旅游节庆品牌公关进行品牌宣传，要根据实际需要，可选择一种或同时选择多种公关活动，提升旅游节庆品牌形象。

参考文献

[1] 曹成伟. 旅游商品品牌文化 [M]. 海口：南海出版公司，2015.

[2] 陈蕊. 地域文化特色中新农村生态旅游设计的保护与开发 [M]. 沈阳：辽宁大学出版社，2019.

[3] 陈卓. 河北特色文化与创意旅游产业融合发展研究 [M]. 石家庄：河北美术出版社，2015.

[4] 窦婷婷. 新农村特色乡村旅游知识问答 [M]. 石家庄：河北科学技术出版社，2017.

[5] 冯会明，冯悦. 文化与旅游深度融合视域下文化旅游品牌的建构 [M]. 北京：旅游教育出版社，2023.

[6] 高琳. 互联网背景下旅游文化品牌色彩营销途径探析 [J]. 流行色，2023.

[7] 高琳. 乡村生态旅游文化品牌的营销研究 [J]. 佳木斯职业学院学报，2022.

[8] 黄晓晖，邓春林. 构建韶关"修·闲"旅游文化品牌的思考 [J]. 韶关学院学报，2016.

[9] 赖海鑫. 试论乡村生态旅游文化品牌的营销 [J]. 西部旅游，2022.

[10] 李柏文. "文化创意＋"旅游业融合发展 [M]. 北京：知识产权出版社，2019.

[11] 李河山. 广西民族特色饮食与旅游文化研究 [M]. 广州：广东旅游出版社，2019.

[12] 刘嘉毅. 区域文化旅游品牌建设研究基于品牌生态学的视角 [M]. 北京：中国社会科学出版社，2019.

[13] 刘龙龙, 郭文杰, 杨瑛娟. 全域旅游背景下商洛旅游文化品牌建设研究［J］. 湖北农业科学, 2022.

[14] 刘文佳. 哈尔滨市冰雪旅游文化品牌经营研究［J］. 冰雪运动, 2017.

[15] 刘小秧, 辛悦. 环巢湖区域旅游文化品牌塑造探微［J］. 合肥学院学报（综合版）, 2021.

[16] 马瑞, 刘昕远. 河北旅游文化品牌建设研究［M］. 长春：吉林大学出版社, 2015.

[17] 毛龙. 浅议西安旅游文化品牌的建设［J］. 福建茶叶, 2020.

[18] 潘君瑶. 从文化资源到文化品牌［M］. 成都：四川大学出版社, 2018.

[19] 任红, 马天. 文旅融合趋势下文化旅游品牌建设的原则与策略［J］. 太原城市职业技术学院学报, 2023.

[20] 桑森垚. 乡村旅游背景下的地方品牌化研究［M］. 长春：吉林大学出版社, 2023.

[21] 沈真波, 任丽莉. 城市历史文化旅游品牌形象设计研究［M］. 延吉：延边大学出版社, 2020.

[22] 孙平. 品牌化时代旅游目的地营销创新［M］. 北京：经济管理出版社, 2023.

[23] 田志奇. 文旅融合背景下旅游目的地营销模式创新研究［M］. 武汉：华中科技大学出版社, 2023.

[24] 王鹤. 文化创意与品牌推广［M］. 北京：北京理工大学出版社, 2022.

[25] 王鹏. 文化与旅游策划十二堂课［M］. 石家庄：河北教育出版社, 2020.

[26] 谢捷欣. 福建省旅游文化品牌建设现状及对策研究［J］. 青年时代, 2019.

[27] 阳梦祥. 侗族特色文化与旅游文化创意产品开发研究[M]. 昆明：云南美术出版社，2020.

[28] 杨光静. 新媒体时代旅游文化品牌的优化探索[J]. 漫旅，2022.

[29] 杨世瑜，李波. 旅游地质文化概论[M]. 北京：冶金工业出版社，2018.

[30] 余成斌. 三变＋特色文化旅游品牌助推乡村振兴研究[M]. 沈阳：东北大学出版社，2023.

[31] 张彤，徐丹. 辽宁文化旅游开发研究[M]. 沈阳：辽宁科学技术出版社，2018.